资助项目及编号　浙江省哲学社会科学规划后期资助项目"水上交通犯罪刑事责任研究"/19HQZZ18

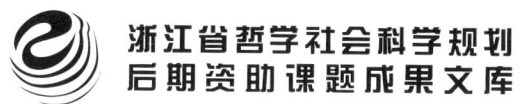
浙江省哲学社会科学规划
后期资助课题成果文库

水上交通犯罪刑事责任研究

王慧 著

中国社会科学出版社

图书在版编目(CIP)数据

水上交通犯罪刑事责任研究 / 王慧著. —北京：中国社会科学出版社，2022.1

(浙江省哲学社会科学规划后期资助课题成果文库)

ISBN 978-7-5203-9515-1

Ⅰ.①水… Ⅱ.①王… Ⅲ.①水上交通—刑事犯罪—刑事责任—研究—中国 Ⅳ.①D924.324

中国版本图书馆CIP数据核字(2021)第274270号

出 版 人	赵剑英
责任编辑	宫京蕾
责任校对	秦 婵
责任印制	李寡寡

出　　版	中国社会科学出版社
社　　址	北京鼓楼西大街甲158号
邮　　编	100720
网　　址	http://www.csspw.cn
发 行 部	010-84083685
门 市 部	010-84029450
经　　销	新华书店及其他书店
印刷装订	北京君升印刷有限公司
版　　次	2022年1月第1版
印　　次	2022年1月第1次印刷
开　　本	710×1000　1/16
印　　张	11.75
插　　页	2
字　　数	201千字
定　　价	68.00元

凡购买中国社会科学出版社图书，如有质量问题请与本社营销中心联系调换
电话：010-84083683
版权所有　侵权必究

前　言

　　水上交通领域的犯罪问题一直较少为学界关注，而关于水上交通领域犯罪的刑事责任问题在我国刑法学界更是付之阙如。随着我国水上运输能力的提升、经贸往来的频繁，水上交通领域人为事故发生率不断提高，行业风险日渐加大，高风险的水上作业与高效率的水上运输给人身、财产和海洋环境造成极大的损害。然而，司法实务部门对严重危害水上交通安全涉嫌犯罪的案件很难介入，大部分涉嫌犯罪案件多在民事和行政诉讼环节定分止争、息事宁人，刑罚的预防功能得不到发挥，同类事故再次案发现象严重。重大交通事故逃逸造成人员死伤甚至失踪人数居高不下；船舶碰撞导致海洋溢油严重污染海洋环境，甚至造成生态损害；以渔民为主体的水上群体恶性事件严重扰乱了国家机关的秩序。然而由于犯罪案件追诉困难，行政执法机关移送刑事案件具有不确定性，侦查部门取证困难，水上交通领域的犯罪常常游离于刑事司法追诉环节之外。

　　关注海洋、保护海洋已经是人类生存与发展的重大使命。纵观当前海洋状况，为水上交通犯罪的刑事立法提供良策、为水上司法实务提供可操作的技术标准和司法路径是学术界义不容辞的神圣使命。期待通过本书的研究，能直面当前水上交通领域的诸多疑难问题并提出相应对策，丰富和完善我国刑事法律体系，规范执法，助力司法，保障水上交通安全。

　　水上交通安全的规制是多元化的，不仅需要规范刑法学的理论支撑，还要从水上交通创新和发展的角度寻求理论支持，考量水上交通的特殊性表现。首先，船舶肇事，与陆路车辆肇事在事故原因、责任主体范围和责任大小的界定上有诸多不同。同时，船舶肇事致人伤亡、失踪，甚至溢油污染涉及共同过失犯罪、职务业务过失犯罪、监管过失犯罪、牵连犯、竞合犯等刑法理论也需要进一步完善。其次，实践中我国刑法典对于水上交通领域行政犯规定的基本罪状和法定刑有些已经不能适应形势的需要，入罪门槛或高或低，罪状形态也发生了变化，导致在非刑事法律规范中通过单纯宣告追究刑事责任很难实现刑法的目的，行政犯的立法模式亟待进一步确立。最后，涉水行政执法与刑事司法的衔接一直是困扰我国水上执法机关移送涉罪案件的法律制度与机制问题，"两法衔接不畅"影响了案件的正常流程，使司法权落空，进而导致刑法的预防作用得不到发挥。因此，本书运用水上行政法和刑事法理论，密切关注立法、司法与执法问题，通过逐一疏理问题、深入剖析成因、提出对策建议，以推动我国水上刑事立法司法制度改革与发展，助力海洋强国战略发展，为"海上丝绸之路"之交通安全提供法治保障。

目 录

第一章 水上交通犯罪概述 …………………………………………（1）
　第一节 水上交通犯罪的概念 ……………………………………（1）
　　一 交通犯罪 ……………………………………………………（2）
　　二 水上交通犯罪 ………………………………………………（4）
　第二节 水上交通犯罪的分类 ……………………………………（4）
　　一 刑法分则体系下水上交通犯罪的分类 ……………………（5）
　　二 行政犯视域下水上交通犯罪的分类 ………………………（7）
　第三节 水上交通犯罪的特点 ……………………………………（13）
　　一 水上交通犯罪的经常性和多发性 …………………………（13）
　　二 水上交通犯罪危害后果的严重性和复杂性 ………………（15）
　　三 水上交通犯罪主体更具特殊性、专业性及协作性 ………（17）
　　四 水上交通犯罪刑事司法追诉困难 …………………………（21）

第二章 水上交通犯罪刑事责任的基本问题 ………………………（24）
　第一节 水上交通犯罪刑事责任概述 ……………………………（25）
　　一 水上交通犯罪刑事责任的定义 ……………………………（25）
　　二 水上交通犯罪刑事责任的产生、确认和实现 ……………（26）
　　三 水上交通犯罪刑事责任的解决方式 ………………………（28）
　第二节 水上交通领域刑事责任与其他法律责任的界分 ………（31）
　　一 刑事责任与行政责任 ………………………………………（31）
　　二 刑事责任与民事责任 ………………………………………（33）

第三章 水上交通犯罪刑事责任归责的基础 ………………………（35）
　第一节 水上交通犯罪刑事责任的事实根据 ……………………（36）
　　一 危害水上公共交通安全类犯罪刑事责任的根据 …………（36）
　　二 妨害水上交通管理秩序类犯罪刑事责任的根据 …………（38）

    三 水上交通领域渎职类犯罪刑事责任的根据 …………… (39)
    四 水上交通领域侵权类犯罪刑事责任的根据 …………… (41)
  第二节 水上交通犯罪刑事责任的法律根据 ………………………… (41)
    一 主要法律依据——《中华人民共和国刑法典》………… (42)
    二 中国刑法典立法模式分析 ……………………………… (44)
    三 附属刑法中的水上交通犯罪 …………………………… (47)

第四章 水上交通犯罪刑事责任的认定——不典型行政犯 ………… (58)
  第一节 交通肇事罪 ……………………………………………………… (58)
    一 交通肇事罪的构成 ……………………………………… (58)
    二 水上交通肇事逃逸的认定 ……………………………… (62)
    三 船员业务过失犯罪认定的特殊性 ……………………… (74)
    四 引航员业务过失犯罪的认定 …………………………… (78)
    五 水上交通事故"人员失踪"的认定 …………………… (80)
  第二节 重大责任事故罪 ……………………………………………… (85)
    一 重大责任事故罪的构成 ………………………………… (85)
    二 重大责任事故罪的认定 ………………………………… (86)
  第三节 强令违章冒险作业罪 ………………………………………… (90)
    一 强令违章冒险作业罪的构成 …………………………… (91)
    二 强令违章冒险作业罪的认定 …………………………… (94)

第五章 水上交通犯罪刑事责任的认定——典型行政犯 …………… (96)
  第一节 污染环境罪 …………………………………………………… (96)
    一 污染环境罪的构成 ……………………………………… (97)
    二 船舶溢油造成海洋污染行为的认定 …………………… (99)
    三 海洋油气平台溢油污染行为的认定 …………………… (103)
  第二节 妨害公务罪 …………………………………………………… (106)
    一 妨害公务罪的构成 ……………………………………… (107)
    二 水上交通领域妨害公务罪的认定 ……………………… (109)
  第三节 非法采矿罪 …………………………………………………… (110)
    一 非法采矿罪的构成 ……………………………………… (111)
    二 水上交通领域非法采矿行为的认定 …………………… (112)

第六章 水上交通犯罪刑事责任追诉 ……………………………………… (115)
  第一节 水上交通违法涉罪案件的移送 ……………………………… (115)

一　水上交通违法涉罪案件移送的依据 …………………… (116)
　　二　水上交通涉罪案件移送的实证考察 …………………… (120)
　　三　水上交通涉罪案件移送困难的实证分析 ……………… (122)
第二节　水上交通犯罪案件的审判 ………………………………… (135)
　　一　中国水上交通犯罪案件的审判情况 …………………… (135)
　　二　航运业反对"船员入刑"的学理分析 ………………… (139)

第七章　中国水上交通犯罪刑事责任追究制度的完善 ………… (144)
第一节　水上交通犯罪刑事立法的完善 …………………………… (144)
　　一　增设独立的水上交通肇事罪 …………………………… (145)
　　二　用附属刑法立法模式来规制犯罪 ……………………… (151)
第二节　完善水上交通犯罪的刑罚配置 …………………………… (152)
　　一　增加罚金刑的适用 ……………………………………… (153)
　　二　增设资格刑 ……………………………………………… (155)
第三节　完善刑事司法并加强行政执法与刑事司法的衔接 ……… (156)
　　一　通过司法解释明确水上交通犯罪的基本罪状 ………… (157)
　　二　完善海事违法涉罪案件的移送程序 …………………… (160)
　　三　充分发挥检察机关的监督职能 ………………………… (163)
　　四　完善水上交通行政执法与刑事司法衔接工作配套机制 …… (164)

结论 ………………………………………………………………… (166)
参考文献 …………………………………………………………… (167)
后记 ………………………………………………………………… (175)

第一章

水上交通犯罪概述

孙中山先生曾说，"交通乃文明之舟"，意指交通与文明相伴，与文化共生。千百年来，人们修路架桥，薪火相传，如铺路石，绵延着人类文明的阶梯；击楫中流，同舟共济，似航标灯，闪耀着民族精神的光芒。交通是人类认识、利用、改造自然地理环境的产物，亦是人类文明产生与发展的重要推力和必要条件。如岑仲勉《中外史地考证》"前言"指出："交通与经济运输、民族动态、文化交流、国防设备等，都有密切关系。"在所有的交通运输方式中，陆路交通已然成为我们生活中最为便利、使用最为广泛的一种交通形式。空中交通运输虽然速度快能够节省时间，但其高昂的成本和较小的运力使大宗货运望而却步，只能成为客运的首选。水上交通运输是国家整个交通运输大动脉的一个重要组成部分，低成本、批量大的特点使其成为货物运输，特别是国际贸易往来的重要方式。在现代科技的推动下，交通运输方式日新月异，人类抵御自然风险的能力日益加强。然而，科技是一把双刃剑，高科技给人类社会带来的并非都是生活的便捷与快乐，还有高风险和大隐患，这一点在水上交通运输领域反映得淋漓尽致。与陆上交通运输和空中交通运输相比，水上交通运输尤其是远洋运输面临着更高的风险和更大的安全隐患，这也是当代中国所步入的高风险社会的真实写照之一。

第一节 水上交通犯罪的概念

"交通"一词，最早出现在春秋古籍《管子·度地》中："山川涧落，天气下，地气上，万物交通。"这里的"交通"取"交错相通"之意。随着人类生产作业以及生活的需要，往来运输渐渐发展，交通亦开始蕴含运输之意。现代意义的"交通"，多指从事旅客和货物运输的活动，包括铁路运输、公路运输、水路运输、航空运输和管道运输五种方式。远古社会的人们为了方便生活逐水而居，形成了最早的运输方式，即为水上交通。"伏羲氏刳木为舟，剡木为楫"，在距今7000年的新石器时代晚期，独木舟在中国就已出现。"通舟楫，兴渔利"，开发水上资源既是先民对海洋价值的认识，也是他们依赖水生资源生存与发展的实践记载。公元前486年（春秋时期）中国开凿了自扬州经射阳湖到淮安的运河——邗沟，连接了长江与淮河；公元前214年（秦朝）挖掘了连接珠江与长江的灵渠；隋朝又完成了贯穿南北全长1794公里的京杭大运河。11世纪的中国是最早将指南针用于航海的，宋代朱彧的《萍洲可谈》中记载："舟师识地理，夜则观星，昼则观日，阴晦则观指南针。"16世纪，中国的罗盘传入欧洲并运用于航海技术之中，促进了新航路的开辟。1405—1433年，中国航海家郑和率船队七下西洋到达东非和西非，揭开我国航海历史新的一页。1487年，葡萄牙探险家迪亚士在非洲最南端发现"风暴角"（后被葡萄牙国王改名为"好望角"）；1497年，葡萄牙人达·伽马率船队从里斯本出发，绕道好望角，直达印度；1519年，葡萄牙人麦哲伦亦绕道好望角完成了环球航行；1492年10月，意大利航海家哥伦布四次远航发现美洲大陆。16世纪始，航海技术迅速发展，海图绘制初现端倪，20世纪以后，导航系统飞速发展，大力推动了航海事业及水上运输的发展。

一 交通犯罪

交通犯罪是一个类概念，日本刑法对交通犯罪进行了狭义与广义的区分：狭义的交通犯罪是指刑法上以交通工具为对象或手段的犯罪，又叫"交通事犯"，如业务上过失致死伤罪、危险驾驶致死伤罪、遗弃罪等；广义上的交通犯罪，除了包含了"交通事犯"，还包括要对其科处刑罚的违反交通规则等情形，如规定在日本《道路交通法施行规则》中的违反限制速度罪等。[①] 对于广义交通犯罪的概念，日本学者大谷实定义为行为触犯了有关陆路、海路以及空中交通运输的刑罚法规的犯罪，所以机动车、船舶、火车以及航空器等运输中发生的犯罪，都是交通犯罪。[②] 根据

[①] ［日］曾根威彦：《交通事犯与不作为犯》，黄河译，《当代法学》2007年第6期。
[②] ［日］大谷实：《刑事政策学（新版）》，黎宏译，中国人民大学出版社2009年版，第392页。

日本刑法对交通犯罪的分类，我国《刑法》分则中规定的交通犯罪种类都属于狭义层面的交通犯罪，它们分别是：交通肇事罪、危险驾驶罪、以危险方法危害公共安全罪、劫持航空器罪、劫持船只、汽车罪、暴力危及飞行安全罪、重大飞行事故罪、铁路运营安全事故罪、破坏交通工具罪和破坏交通设施罪等。

遗憾的是，长期以来我国刑法理论只对交通犯罪的分类有所研究，对于交通犯罪的概念却鲜有准确而具体的定义。有学者认为，"我国交通犯罪的概念应当在犯罪学意义上进行界定，不但包括《刑法》分则中规定的破坏汽车交通运输秩序的行为，如交通肇事罪，还包含其他严重危害汽车交通运输安全的行为，如无证驾驶、超速驾驶、无视交通信号驾驶以及醉酒驾驶等"[①]。如此而论，违反交通运输管理法规的行为在实质上也属于交通犯罪，刑法学意义上的"交通犯罪"乃运用刑事手段予以规制的交通失范行为，除此以外并无其他。[②] 照此理解的话，交通犯罪的外延未免太过宽泛。另外，虽然这一概念在严重危害交通运输安全行为的内涵上比较丰富，在调整对象上却具有局限性。交通运输，不仅包括汽车运输方式，还包括飞机、轮船、火车等运输方式，该学者显然忽视了这一点，造成其对交通犯罪定义的不周延。

综上，我们可以借鉴日本学者对于交通犯罪的定义，将交通犯罪从广义和狭义两方面来界定。广义的交通犯罪是指案发于交通运输环节的刑事犯罪，包括危害交通安全类、妨害交通管理秩序类、交通渎职类和交通侵权类四类犯罪；而狭义的交通犯罪则仅指违反交通运输管理法规、严重危害公共交通安全、破坏交通秩序、应受刑法处罚的行为。有学者认为，按照犯罪行为内容的不同，"交通犯罪可以划分为危及飞行安全类、交通事故类、破坏交通工具类、劫持交通工具类、破坏交通设施类五类犯罪"[③]。这一分类更加证明了我国刑法是从狭义上规定交通犯罪的，即行为人违反交通管理法律法规，危害公共交通安全而应受刑法处罚的行为，都是交通犯罪。

---

① 李福芹：《我国交通犯罪的现状及刑事对策探讨》，《河南省政法管理干部学院学报》2010年第4期。

② 李凯：《交通犯罪的刑法规制》，博士学位论文，西南财经大学，2013年。

③ 康均心、赵波：《海峡两岸交通犯罪比较研究》，《昆明理工大学学报》（社会科学版）2011年第3期。

二 水上交通犯罪

这里的"水上",是指所有形态的可通航的水域,例如江河、湖泊以及海洋等。所谓"水上交通",是指利用港口装卸、船舶运输所进行的往来通达活动。在这些活动过程中会发生一系列破坏交通工具、交通设施、船舶碰撞、船舶溢油等生产作业责任事故、职务监管玩忽职守的种种行为,一旦这些行为造成的危害社会结果达到一定程度,即可构成水上交通犯罪。按航行水域的不同,水上交通犯罪又可划分为内河[①]交通犯罪和海上交通犯罪。水上交通犯罪的概念与陆上交通犯罪的概念相对应,但无论是在内涵上还是在外延上,水上交通犯罪都与陆上交通犯罪有着很大的区别。准确界定水上交通犯罪的概念,无论是在立法上还是在司法上都具有重大的意义。

所谓"水上交通犯罪",在广义上是指案发于水上交通运输环节的刑事犯罪,包括危害水上公共交通安全类、妨害水上交通管理秩序类、水上交通领域渎职类和水上交通领域侵权类四类犯罪;而狭义的交通犯罪仅指前三类犯罪,即因违反水上交通运输管理法规,从而严重破坏水上交通安全秩序,进而导致或足以导致人身、财产重大损失的行为;[②] 最后一类犯罪属于侵犯公民人身权利与财产权利的犯罪,由于其仅仅是案发于水上,除此以外和陆上交通侵权类犯罪并无实质区别,因此在本书中不属于重点讨论内容,该类犯罪的定罪量刑参考陆上相关罪名的具体规定即可。至于我国《刑法》分则第二章规定的与水上交通工具和交通设施有关的犯罪,则属于纯正的交通犯罪,是狭义的水上交通犯罪。本书对于水上交通犯罪刑事责任的研究,是从广义的交通犯罪的范围内展开的,重点围绕狭义交通犯罪进行论述。

第二节 水上交通犯罪的分类

如前所述,广义上的水上交通犯罪主要包括危害水上公共交通安全类犯罪、妨害水上交通管理秩序类犯罪、水上交通领域渎职类犯罪和水上交

---

① 这里的内河,是指在中华人民共和国境内可供船舶航行的江、河、湖泊、水库等水域。
② 赵微主编:《水上交通犯罪的理论与实务》,黑龙江大学出版社2012年版,第2页。

通领域侵权类四种。

一 刑法分则体系下水上交通犯罪的分类

（一）危害水上公共交通安全类犯罪

危害水上公共交通安全类犯罪，是指在水上交通运输环节中故意或者过失的实施危害不特定或者多数人的生命、健康和重大公私财产的安全的行为。危害水上公共交通安全类犯罪是水上交通犯罪中比较典型的一类犯罪，也是社会危害性和危险性较大的一类犯罪。

相较其他两类犯罪，本类犯罪涉及的层面最多，主要包括以下几类：

第一类，以危险方法危害水上公共交通安全犯罪。包括放火罪（第一百一十四条第一款），失火罪（第一百一十五条第一款），非法买卖、运输、储存枪支、弹药、爆炸物罪（第一百二十五条第一款），非法买卖、运输、储存危险物质罪（第一百二十五条第二款）等。

第二类，水上交通重大安全责任事故犯罪。包括交通肇事罪（第一百三十三条），危险驾驶罪（第一百三十三条之一），重大责任事故罪（第一百三十四条第一款），强令违章冒险作业罪（第一百三十四条第二款），重大劳动安全事故罪（第一百三十五条），大型群众性活动重大安全事故罪（第一百三十五条之一款），危险物品肇事罪（第一百三十六条），工程重大安全事故罪（第一百三十七条），消防责任事故罪（第一百三十九条），不报、谎报安全事故罪（第一百三十九条之一款）等。

第三类，破坏水上公共交通工具、交通设施犯罪。包括破坏交通工具罪（第一百一十六条和第一百一十九条第一款），破坏交通设施罪（第一百一十七条和第一百一十九条第一款），过失损坏交通工具罪（第一百一十九条第二款），过失损坏交通设施罪（第一百一十九条第二款），劫持船只罪（第一百二十二条）等。

（二）妨害水上交通管理秩序类犯罪

妨害水上交通秩序类犯罪，是指故意或者过失妨害国家机关对水上公共交通的正常管理活动，破坏水上交通秩序、情节严重的行为。本类犯罪侵犯的法益是水上公共交通管理秩序，不仅包括水上公共交通管理活动，还包括水上公共交通良好的秩序。

妨害水上公共交通管理秩序的行为可以分为如下几类。

一是扰乱水上公共秩序，如妨害公务罪（第二百七十七条），煽动暴力抗拒法律实施罪（第二百七十八条），伪造、变造、买卖国家机关公文、证件、印章罪（第二百八十条第一款），伪造公司、企业、事业单位、人民团体印章罪（第二百八十条第二款），聚众冲击国家机关罪（第二百九十条第二款），聚众扰乱公共场所秩序、交通秩序罪（第二百九十一条），聚众斗殴罪（第二百九十二条），寻衅滋事罪（第二百九十三条），赌博罪（第三百零三条第一款）和开设赌场罪（第三百零三条第二款）等；二是妨害司法，如妨害作证罪（第三百零七条），拒不执行判决、裁定罪（第三百一十三条）等；三是妨害国（边）境管理，如组织他人偷越国（边）境罪（第三百一十八条），提供伪造、变造的出入境证件罪（第三百二十条），出售出入境证件罪（第三百二十条），运送他人偷越国（边）境罪（第三百二十一条）等；四是妨害文物管理，如倒卖文物罪（第三百二十六条）等；五是危害公共卫生，如妨害国境卫生检疫罪（第三百三十二条）等；六是破坏环境资源保护，如污染环境罪（第三百三十八条），非法捕捞水产品罪（第三百四十条），非法采矿罪（第三百四十三条第一款）等；七是走私、贩卖、运输、制造毒品罪（第三百四十七条）；八是组织、强迫、引诱、容留、介绍卖淫罪（第六章第八节）；九是制作、贩卖、传播淫秽物品罪（第六章第九节）。

（三）水上交通领域渎职类犯罪

水上交通领域渎职类犯罪，是指国家机关工作人员在水上交通领域的公务活动中利用职务上的便利，徇私舞弊、滥用职权、玩忽职守，妨害国家机关管理活动，损害人民对国家机关公务的客观、公正、有效执行的信赖，致使国家与人民利益遭受重大损失的行为。在水上公共交通领域，涉嫌渎职犯罪的大多为涉水国家机关工作人员。这里的"涉水"，主要指公务活动以处理涉及水上公共交通领域的事务为内容，包括水上行政管理与监督、水上行政处罚、水上行政执法等活动与涉水案件的侦查、移送、审判等水上司法活动。

水上交通领域渎职类犯罪主要分布在《刑法》分则第九章，具体包括三大类犯罪。

第一类，一般国家机关工作人员渎职罪。此类涉水渎职犯罪包括滥用职权罪（第三百九十七条），玩忽职守罪（第三百九十七条）等。

第二类，司法工作人员渎职罪。此类涉水渎职犯罪包括徇私枉法罪（第三百九十九条第一款），民事、行政枉法裁判罪（第三百九十九条第二款），执行判决、裁定失职罪（第三百九十九条第三款），执行判决、裁定滥用职权罪（第三百九十九条第三款），枉法仲裁罪（第三百九十九条之一），私放在押人员罪（第四百条第一款），失职致使在押人员脱逃罪（第四百条第二款），徇私舞弊减刑、假释、暂予监外执行罪（第四百零一条），徇私舞弊不移交刑事案件罪（第四百零二条）等。

第三类，特定国家机关工作人员渎职罪。在水上公共交通领域，此类犯罪仅有一个罪名：环境监管失职罪（第四百零八条）。

（四）水上交通领域侵权类犯罪

水上侵权类犯罪，是指发生在水上交通领域侵犯公民人身权利、财产权利的犯罪。主要包括两种类型，侵犯公民人身权利的犯罪以及侵犯财产的犯罪。侵犯公民人身权利的犯罪，是指故意或者过失的侵犯公民的人身权利的行为。侵犯财产的犯罪，是指以非法占有为目的，攫取国有、集体所有或者私人所有的财物，以及挪用、毁坏公共财物、私人财物或者破坏生产经营的行为。

水上侵权类犯罪主要分布在《刑法》分则第四章和第五章，具体包括两类犯罪。

第一类，侵犯公民人身权利罪，此类侵权犯罪包括故意杀人罪（第二百三十二条），过失致人死亡罪（第二百三十三条），故意伤害罪（第二百三十四条），过失致人重伤罪（第二百三十五条），绑架罪（第二百三十九条）等。

第二类，侵犯财产罪，此类侵权犯罪包括抢劫罪（第二百六十三条、第二百六十九条），盗窃罪（第二百六十四条），抢夺罪（第二百六十七条），侵占罪（第二百七十条），故意毁坏财物罪（第二百七十五条）等。

除了上述四种类型，在水上交通领域，还存在其他与水上交通相关的犯罪，散见于《刑法》分则第三章"破坏社会主义市场经济秩序罪"中与水上交通密切相关的犯罪，如走私罪、保险诈骗罪以及毒品犯罪等等。

二 行政犯视域下水上交通犯罪的分类

任何一个行业或领域的刑事犯罪都不可避免要涉猎或途经该行业或领域的行政违法问题，行政违法通常是行政犯罪的轻型反映。当某种行政违法行为达到一定的社会危害程度或其危害结果达到某一量化的数额，便可能进入刑事司法的环节，需要追究刑事责任。换言之，行政犯以行政违法为前提，其犯罪的认定首先必须经历从行政违法到刑事违法的认定过程，因此违法性判断是认定行政犯的核心关键性问题。行政犯的二次违法性特征决定了其在追究刑事责任的过程中，必然遭遇传统刑事犯（自然犯）不曾遇到的问题与争议。①

鉴于此，区别于前述从刑法典角度对水上交通犯罪进行区分的标准，本书拟从行政犯与刑事犯角度对水上交通犯罪进行界分。从行政犯角度划分水上交通犯罪，主要基于以下原因：第一，在水上交通领域中，大部分犯罪都表现为行政犯，而刑事犯所占比重相对较少，刑法对水上交通犯罪的规制主要是对行政犯的预防和惩治。第二，在水上交通犯罪中，刑事犯的客观表现与陆地基本相同，而行政犯因其客观表现具有特殊性就有了专门对其进行研究的必要。在水上交通犯罪中，行政犯违反的前置性行政法规主要是水路交通运输规则和船舶驾驶技术规范，无论是水路交通运输规则，还是船舶驾驶技术规范，相较于公路交通运输规则和机动车驾驶技术，都更为复杂，其所承担的风险也更高，行政犯的客观表现也比刑事犯复杂得多，需要进行深入研究。第三，我国传统刑法更多关注的是对刑事犯的惩处而忽视了行政犯在刑事法律体系中的地位和作用。可以说，近年来我国水上交通犯罪已呈愈演愈烈之势，与水上交通行政犯研究的缺位有着直接的因果关系。在水上交通领域违反法律法规的行为中，究竟哪些行为应当被刑法所规制？理论层面是否有明确标准以供立法者参照？如果存在这种标准，它的具体内容是什么？其对水上交通犯罪的刑法适用又有什么影响？水上交通犯罪中行政犯与刑事犯的边界在哪里？刑事责任如何追究？这些问题必须在行政犯理论层面予以解决。因此，从行政犯角度研究水上交通犯罪，不仅能够拓宽和提高刑事法律理论的研究领域和实践操作性，更好地研究我国当下的刑事立法模式，包括行政犯立法模式存在的问题，更能推动我国水上法律体系的发展和完善，具有深远意义。最后，水上交通犯罪刑事责任的追诉，大多源于水域行政管理机关在行政执法过程中发现的涉嫌犯罪案件的移送，而从行政犯的角度来研究水上交通犯罪，对于水域行政执法工作人员正确认识水上交通犯罪，把握行政违法涉嫌犯罪案件的移送标准，开展水上执法调查，收集、固定违法犯罪证据，有重要的指导意义。

---

① 李小文：《行政犯定罪的基本原理》，博士学位论文，上海交通大学，2014年。

当然，从行政犯角度界分水上交通犯罪并不意味着我们摒弃了传统的刑法典分类模式，两种分类在对水上交通犯罪的类型化分析方面都有其优点，基于研究需要，这两种区分标准都会运用到本书的论述当中。

(一) 行政犯基本理论

行政犯，与刑事犯相对，其概念最早来源于法定犯与自然犯。而自然犯、法定犯的区分，来源于古罗马法对于两种不同犯罪类型自体恶和禁止恶的解释。真正在刑事法理论层面正式提出区分自然犯、法定犯主张并赋予其独特的犯罪社会学意义的是著名法学家、刑事人类学派的代表人物加罗法洛（Baron Raffaele Garofalo）。他认为，犯罪不应仅是一个法律概念，同时也应是一个社会学概念，获取社会学的概念要求放弃事实分析而进行情感分析，即犯罪不仅是一种有害行为，它同时又是一种伤害某种道德情感的行为，该种道德情感被某个聚居体所共同承认。在此基础上，加罗法洛对自然犯和法定犯作了区分，"在一个行为被公众认为是犯罪前所必需的不道德因素是对道德的伤害，而这种伤害又绝对表现为对怜悯和正直这两种基本利他情感的伤害。而且，对这些情感的伤害不是在较高级和较优良的层次上，而是在全社会都具有的平常程度上，而这种程度对于个人适应社会来说是必不可少的。我们可以确切地把伤害以上两种情感之一的行为称为'自然犯罪'"①；"那些未被我们列入的犯罪不属于社会学研究的范畴，它们与特定国家的特定环境有关，它们并不说明行为人的异常……被排除的犯罪常常仅是侵害了偏见或违反了习惯，或者只是违背了特定社会的法律，而这些法律根据国家的不同而不同，且对社会的共同存在并非必不可少"②。因而，加罗法洛将违背人类最基本的道德情感（正直感和怜悯感）的犯罪行为界定为自然犯，这种犯罪得到普遍认同，在任何国家都不会有异议；至于法定犯，则指那些没有违背人类最基本的道德情感，仅因为国家法律的规定而被界定为犯罪的行为，这类行为并未得到普遍的认同，国家、地区间风俗习惯、法律规范等方面的差异都会导致其得到不同评价。在此基础上，加罗法洛独创性地提出"自然犯"概念，并对自

---

① [意] 加罗法洛：《犯罪学》，耿伟、王新译，中国大百科全书出版社1996年版，第44页。

② [意] 加罗法洛：《犯罪学》，耿伟、王新译，中国大百科全书出版社1996年版，第53页。

然犯与法定犯作出界分：所谓自然犯，是以缺乏人类本来就具有的利他感情中最本质的怜悯之情和诚实的行为为内容的犯罪；而法定犯则只是由立法所规定的犯罪，所以犯罪应该以自然犯为中心。① 自然犯、法定犯的区分概念由此逐渐形成，后来逐渐演变为刑事犯和行政犯之分，成为刑法学中不容忽视的一对基本研究范畴。

大陆法系国家对于自然犯和刑事犯一般作同一认识：自然犯指的是本身具有罪恶性，无须通过法律规范的规定就成立犯罪的行为，如放火、杀人、强奸、盗窃、抢劫等。法定犯与行政犯也通常作同一理解：法定犯是指本身不具有罪恶性，只是由于法律规范的规定才成立犯罪的行为，如伪造证件类犯罪、走私类犯罪等。德国法将这种分类称之为刑事犯与行政犯，法国法中则定义为自然犯与法定犯。日本学者野村稔认为："自然犯又称刑事犯，是指即使不由刑罚法规定为犯罪，行为本身就会受到社会伦理的非难。法定犯又称为行政犯，是指根据刑罚法规作为犯罪处罚时才受到非难的行为。"② 本书亦是在此种意义上来认识问题。

所谓行政犯，是指违反行政法律规范，严重危害社会正常行政管理活动，依法应当承担刑事责任的行为。目前我国用依附性立法模式来规范行政犯，在刑法典或者单行刑法法规中规定了行政犯的全部基本罪状和法定刑，而在行政法规中并无单独的罪刑规定，只是在处罚罚则中对追究刑事责任做出笼统的宣告式表述，如"构成犯罪的，依法追究刑事责任"或"构成犯罪的，根据有关法律规定追究刑事责任"。

关于行政犯的特征，概括为以下几点。

1. 以违反行政法规为前提。行政犯首先违反的是行政法规，其次违反的才是刑事法规。行政违法性是行政犯犯罪认定的前提，如果一个行为在行政法规上是合法的，即使其符合形式上的犯罪构成要件，也因缺乏实质的违法性而不构成犯罪。有学者所言，"刑法不能充当前锋，越过行政法规定，直接完成对一个行为从行政违法性到刑事违法性的双重判断。第一层次的行政违法性不满足，就不能进入刑事违法性判断的第二个层次"③。

---

① ［日］野村稔：《刑法总论》，全理其等译，法律出版社2001年版，第81页。
② ［日］野村稔：《刑法总论》，全理其等译，法律出版社2001年版，第81页。
③ 张绍谦：《试论行政犯中行政法规与刑事法规的关系——从著作权犯罪的"复制发行"说起》，《政治与法律》2011年第6期。

2. 构成要件上具有行政依附性。行政犯由行政违法行为转化而来,这决定了其在构成要件上具有一定的行政依附性,具体表现在:第一,概念上有依附性。如刑法第一百四十一条规定:"本条所称假药,是指依照《中华人民共和国药品管理法》的规定属于假药和按假药处理的药品、非药品。"第二,空白刑法规范在解释上对行政法规有依附性。如刑法第一百三十三条规定:"违反交通运输管理法规,因而发生重大事故……",至于哪些行为可以构成交通肇事罪,还得以道路交通安全法等交通运输法规为前置性的判断依据。第三,违法阻却事由上对行政法或行政机关具有依附性,即因行政机关的许可或核准而阻却行政犯的犯罪构成要件。

3. 法律责任上具有双重可罚性。行政犯既有行政违法性又有刑事违法性,因而在法律后果上表现出行政处罚和刑事处罚的双重可罚性,这并不违反一事不再罚原则。如醉酒驾驶的,既要承担被吊销驾驶执照等行政处罚的后果,也要承担危险驾驶罪的刑事责任。不可否认,实践中存在不少有案不移、以罚代刑的现象,这与行政执法与刑事司法的衔接机制不畅通有关,也与行政机关对行政犯的法律规定及行政犯在法律责任上的双重可罚性不理解有关。

(二) 行政犯与行政违法行为的界分

所谓行政违法行为,是指"公民、法人或其他组织故意或者过失实施的违反行政法律规范,侵犯国家、社会公益,或者个人、组织的合法权益,危害国家安全或社会秩序,但尚不构成犯罪的行为"[①]。从行政违法行为与行政犯的概念可知,二者都发生在行政管理活动中,都违反了行政法规,破坏了正常的行政管理秩序,相关责任人都要承担相应责任。但是,二者又存在本质差异,关涉罪与非罪的界限,因此,界分行政犯与行政违法行为就尤为必要,具有重要意义。

我国刑法理论通说认为,行政违法行为与行政犯的界限主要在于社会危害性程度的不同。行政违法行为是一般违法行为,仅具有一般的社会危害性,而严重的行政违法行为即构成犯罪。行政犯是具有严重危害社会性的违法性行为,其社会危害性较之行政违法行为更为严重,因而属于犯罪的一种。由于行政违法行为的社会危害性较小,因而社会公众对于行政违法行为仅持一般的否定性态度,并未达到社会不能容忍的地步,行政违法

---

① 姜明安:《行政违法行为与行政处罚》,《中国法学》1992年第6期。

行为的责任人也仅需承担法律上的行政责任。相对而言，行政犯具有严重的社会危害性，人们对行政犯罪持强烈的否定和谴责态度，认为该行为罪过严重，不能容忍，其行为人理应受到刑罚的苛责，承担刑事责任。因而，行政违法行为和行政犯的界限主要在于对社会危害性程度的把握。

行政违法行为与行政犯的界分，不仅表现在社会危害性程度的不同上，还表现在行为程度的不同上。例如"刑法与治安管理处罚法的行为类别，治安管理处罚法规定的很多行为是某种刑法规定之行为的轻微部分，情节轻微的构成行政违法，可处以治安罚，而情节一般或情节严重的就构成犯罪，判处刑罚"。以行为程度的不同来界分行政违法行为与行政犯作为以危害行为程度界分二者关系的补充，具有一定意义。

（三）水上交通犯罪领域的刑事犯与行政犯

区分刑事犯与行政犯，不仅具有理论意义，更体现为立法和司法的实践意义，这种区分在水上交通犯罪领域就显得尤为必要。

如前所述，与传统刑事犯有所不同，水上交通犯罪以行政犯为主。由于行政犯是前置性地违反国家行政经济管理法规，达到一定的程度，需要进行刑事评价的行为，所以行政犯是一种法定犯。实践中，行政犯通常最先由行政机关介入，进而移送至公安机关；刑事犯则由公安机关直接介入。在法律责任的承担方面，行政犯不仅要承担行政责任，还要承担刑事责任；而刑事犯仅承担刑事责任。但是，行政犯与刑事犯也不是决然对立、永久分明的。其一，从本质上讲行政犯和刑事犯都是犯罪行为。其二，传统刑法理论认为，犯罪的危害程度主要体现在社会危害性、人身危险性、应受伦理非难的程度等方面。但无论从哪个角度来讲，行政犯并不必然低于刑事犯的危害程度。实务界和学术界有时也会因为某些犯罪到底是归入行政犯还是刑事犯而产生争议，如危险驾驶罪、交通肇事罪，尤其是肇事逃逸的行为，都先违反了道路交通安全法等行政法规，然后构成犯罪，然而就此种犯罪的社会危害性、人身危险性、社会公众对其行为的危害感知度以及行为应受伦理非难的程度而言，它会超过一般刑事犯许多。

一般来讲，刑事犯的社会危害性比较大，行政犯的社会危害性则相对较小；刑事犯的反伦理性也较强，而行政犯的反伦理性则相对较弱。整体而言，行政犯的社会危害性低于刑事犯，行政犯的反社会性、反伦理性相对刑事犯也要要弱一些。从这个意义上说，行为社会危害性越大，反伦理性越强，行为的刑法评价属性也就越高，其性质就越接近于刑事犯，在行政犯中就属于不典型的行政犯。行为的社会危害性越小，反伦理性越弱，行为的刑法评价属性越低，行政法评价属性就越高，其性质就越接近于行政犯，就可能更可以归入典型的行政犯的范畴。由此，本书将行政犯又进一步区分为不典型行政犯和典型行政犯。

在水上交通犯罪中，不典型行政犯主要包括交通肇事罪、重大责任事故罪、强令违章冒险作业罪等危害公共交通安全的犯罪。从这些罪名的危害后果来看，事故的发生往往伴随有人员的伤亡、巨额财产损失以及对公共交通安全的危及，因而其在社会危害性、应受伦理非难层面都接近于刑事犯；而典型行政犯主要包括污染环境罪，妨害公务罪，伪造、变造国家机关公文、证件、印章罪，非法采砂罪等，其社会危害性和反伦理性较之刑事犯和不典型行政犯都低。

第三节 水上交通犯罪的特点

一 水上交通犯罪的经常性和多发性

随着我国水上运输能力的提升、经贸往来的频繁，水上交通领域人为事故发生率不断提高，行业风险日渐加大，高风险的水上作业与高强度的水上运输给人身、财产和海洋环境造成极大的损害。2016年5月13日8时10分，"浙岱渔11307号"渔船在长江口渔场附近海域失联，疑似沉船，船上17名船员下落不明。2016年5月7日凌晨3时40分，"鲁荣渔58398号"渔船在东海海域被一艘马耳他籍货船撞沉，船上19人中2人死亡，17人失踪。不足半个月，两起船舶肇事，死亡失踪共计36人，这只是浙江水域海上安全事故的缩影。水上交通领域的事故主要是船舶事故，又分为船舶肇事（船舶碰撞）、船舶搁浅、触礁、触损、浪损、风灾、火灾等。其中，船舶肇事涉及的刑事法律关系最为复杂，事故后果也相对严重，除了海上人命、财产损失，还包括海洋环境污染、生态损害。

据不完全统计，2010年至2014年5年间，我国海事行政机关管辖水域共发生船舶事故1731起，其中运输船舶事故1420.5起，死亡失踪1409人，沉船819艘，直接经济损失18.25亿元；非运输船舶事故310.5

起，死亡失踪857人，沉船313艘①（见图1和图2）。经过比较分析，可以得出如下结论：（1）运输船舶事故案发率整体在逐年下降，但非运输船舶交通事故的案发率并未得到有效防控；（2）水上交通事故中，沉船往往伴随着大量的人员死亡；（3）非运输船舶交通事故导致人员死亡的概率远远高于运输船舶事故，危害后果严重；（4）水上交通事故造成的直接经济损失数额巨大，远远高于陆地交通事故财产损害后果。尽管近年来我国的水上违法案件数量逐年下降，但是船舶交通事故每年也会造成几百人的失踪和死亡。刑罚的预防功能得不到发挥，同类事故再次案发现象严重。

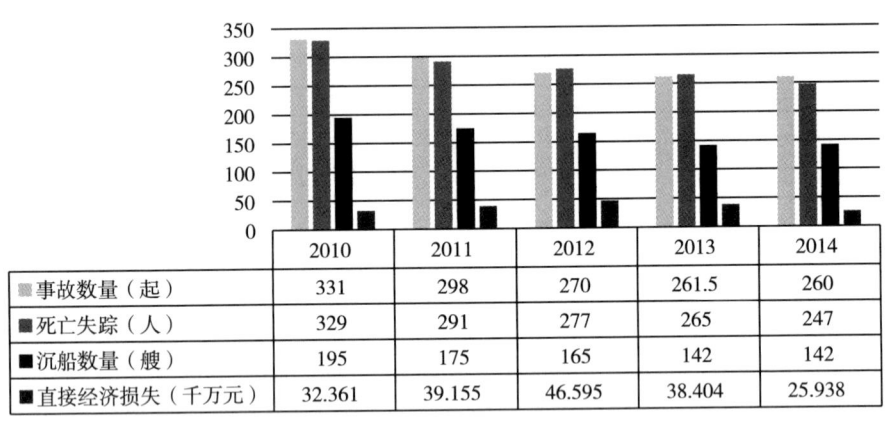

	2010	2011	2012	2013	2014
事故数量（起）	331	298	270	261.5	260
死亡失踪（人）	329	291	277	265	247
沉船数量（艘）	195	175	165	142	142
直接经济损失（千万元）	32.361	39.155	46.595	38.404	25.938

■ 事故数量　■ 死亡失踪　■ 沉船数量　■ 直接经济损失

图1　运输船舶事故统计

船舶因碰撞、触礁、搁浅等引发的重大险情和事故时有发生，水上交通秩序与水域环境逐步恶化的负面效应也日益突出，引起社会各界的密切关注。由于立法、执法、司法等多方面原因，司法实务部门对严重危害水上交通领域涉嫌犯罪的案件很难介入，大部分涉嫌犯罪案件只能在民事和行政诉讼环节定分止争、息事宁人，被追究刑事责任的水上交通犯罪案件寥寥无几。对于严重危害水上交通安全且涉嫌犯罪的行为，民事制裁与行政处罚并不能达到恢复正义与预防再犯的社会功效，相反，刑事责任的缺失不但对犯罪嫌疑人起不到特殊预防的作用，而且，对于受害人也起不到安抚的作用，

---

① 本书所有数据均来自课题组实地调研和调查问卷。

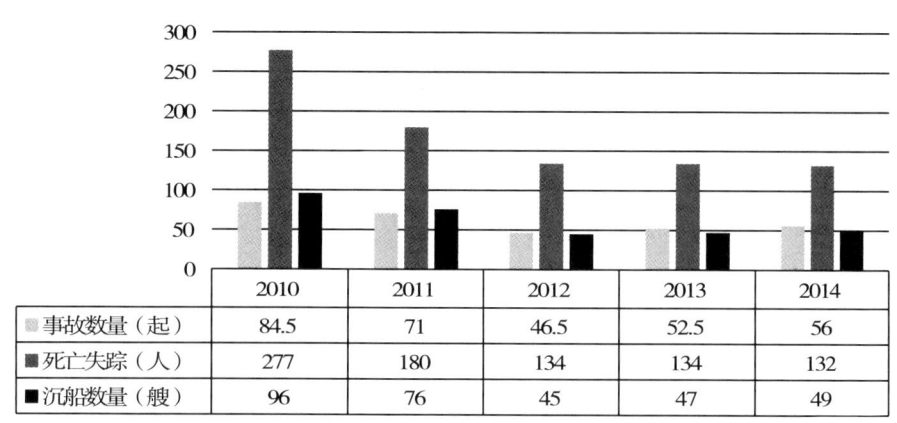

图 2 非运输船舶事故统计

因此引发出一些群体性上访事件、妨害公务事件、聚众冲击国家机关等恶劣事件，再生的矛盾直接影响了社会经济秩序和生活秩序，不仅给中国航海业敲响了警钟，也暴露出我国水上交通安全刑事法制保障的薄弱之处。

二 水上交通犯罪危害后果的严重性和复杂性

重大交通事故逃逸造成人员死伤甚至失踪人数居高不下；船舶碰撞溢油严重污染海洋环境，甚至造成生态损害；以渔民为主体的水上群体恶性事件严重扰乱了国家机关的秩序，"三无"船舶非法采砂，酒后驾驶船舶，伪造、变造船员证书等危害水上公共交通安全、妨害水上交通管理秩序的行为已经达到犯罪程度却难以规制……水上交通犯罪的危害后果及其引发的社会影响，已然成为各界关注的重点。

刑法对于刑事责任的界定多是基于行为社会危害性的考量，具体反映在犯罪构成中即行为所致危害后果的认定。根据我国《刑法》第一百三十三条的规定，道路交通肇事犯罪的危害后果不外乎三种，即人员的重伤、死亡和财产损失。由水上船舶运输的特点所决定的，水上交通肇事犯罪除了具备道路交通肇事犯罪三个危害后果之外，还有一个特殊的后果，就是受害人落水下落不明，即"活不见人，死不见尸"，也可以说其危害结果显现得不如道路交通肇事犯罪那样直接、明确。实践中，人员失踪已经成为了交通事故不可忽视的危害后果，并且呈现出愈演愈烈之势。据不完全统计,2008年至2014年,仅因运输船舶交通事故就导致死亡失踪①共计2095人。只是因为水上交通事故的社会监督不足、社会影响不大,这类事故一直没有得到学术界及司法界的关注。以我国某省管辖水域为例,自2007年至2011年,共计死亡118人,失踪200人。据不完全统计,2008年至2014年,仅因运输船舶交通事故就导致死亡失踪共计2095人(见图3)。由于我国现行《刑法》并不承认人员失踪是犯罪的后果,所以在罪刑法定原则的要求下,司法机关难以对人员失踪这种危害后果进行直接的法律判断,无论行为人事实上造成了多少人员失踪,也很难与刑事责任挂钩,这既侵害公众的道德情感、有违刑法的公正,也不利于海上人命安全的救助。其次,因为船舶本身的造价远远高于车辆,船舶碰撞的财产损失与车辆碰撞不可相提并论,"造成公共财产或者他人财产直接损

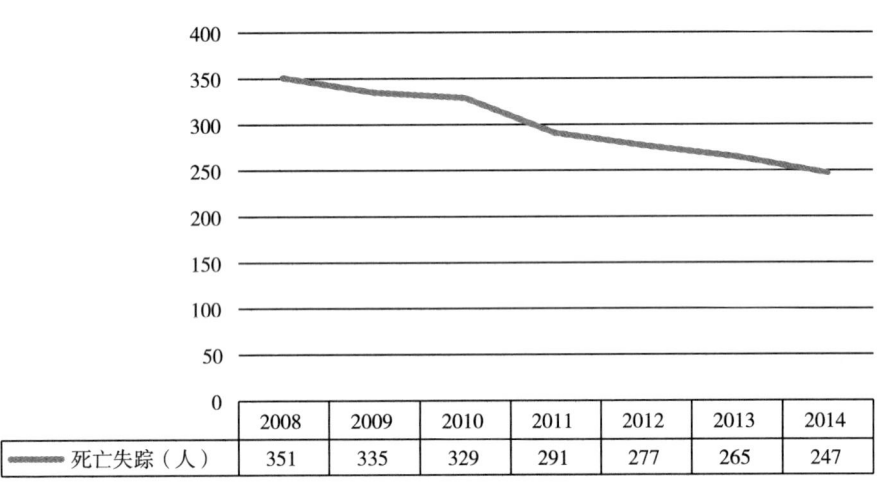

图3 运输船舶交通事故死亡失踪统计

失,负事故全部或主要责任,无力赔偿数额在30万元以上的"② 作为入刑的标准,对于水上作业的船舶是否公平?

此外,船舶碰撞溢油污染的情形也极为复杂。船舶碰撞溢油导致的环境损害也并非实体法意义上的交通肇事罪的危害后果,因船舶碰撞导致环

---

① 海事系统对于死亡失踪人数是一起统计,故而全国的死亡失踪人数并没有分开计算。
② 2000年11月10日最高人民法院《关于审理交通肇事刑事案件具体应用法律若干问题的解释》第二条明确规定的这一入罪条件,但是该解释没有明确是否适用于水上船舶。

境损害而追究肇事者刑事责任的案例在实践中较为鲜见。自 1998 年至 2008 年，在中国管辖海域共发生 718 起由船舶事故引发的溢油事件，溢油总量达 11749 吨，这些事故当中溢油量 50 吨以上的污染事故就有 34 起，溢油量高达 10327 吨。这些污染事故给我国海洋环境造成了巨大的损害。船舶碰撞直接触犯的罪名是"交通肇事罪"，间接涉及"污染环境罪"。在船舶碰撞溢油污染海洋涉嫌犯罪的情况下，溢油污染应被视作交通肇事罪的危害后果还是污染环境罪的危害行为，相关刑事法律规范也没有规定。在刑法的因果关系上，船舶碰撞直接导致的法律后果是船舶破损，之后才会发生船舶的溢油污染海洋的事故。那么，船舶碰撞溢油污染海洋是构成交通肇事罪，还是污染环境罪？能否直接认定为"交通肇事罪"？如果以交通肇事罪定罪处罚，污染海洋的危害后果是否有违刑法直接因果关系理论？"溢油污染造成的直接财产损毁、减少的实际价值以及为防止污染扩大、消除污染而采取必要合理措施所产生的费用"能否纳入交通肇事罪"30 万元以上"的危害后果数额标准中加以认定？

另外，虽然《刑法》第三百三十八条"污染环境罪"涵盖了包括海洋环境污染事故在内的所有造成严重污染环境事故类的犯罪形态，但无论是该条法条还是相关司法解释都并未考虑到海上环境污染事故的特征，并没有直接针对海上污染环境事故的犯罪作出单独解释。根据《最高人民法院、最高人民检察院关于办理环境污染刑事案件适用法律若干问题的解释》规定，"严重污染环境"的立案标准是"致使公私财产损失三十万元以上的"，是把包括污染环境行为直接造成的财产损毁、减少的实际价值以及为防止污染扩大、消除污染而采取必要合理措施所产生的费用在内的 30 万元作为犯罪的起刑点。同样，30 万元的数额标准适用于海上大型运输是否合理？为恢复水域环境而支付的财物是否应当计入污染环境罪的危害后果之中？如何认定和量化环境（生态）损害？这些问题，既关涉罪的认定，也影响财产损失数额的确定。诸多问题的产生，无不体现了水上交通犯罪危害后果的严重性和复杂性。这也是水上交通犯罪刑事追责困难的重要原因。

三　水上交通犯罪主体更具特殊性、专业性及协作性

刑事责任的承担必须以合格的犯罪主体为前提，水上交通犯罪主体的特殊性体现在资质取得难、业务分工复杂、工作环境恶劣、责任界定难等

多个方面，这也导致其成为实践中水上交通犯罪刑事追诉困难的原因之一。以交通肇事为例，一般而言，道路交通肇事犯罪的主体就是指肇事机动车辆的驾驶员，因为机动车辆通常是由一人驾驶，因此主体相对比较单一。虽然 2000 年《交通肇事解释》明确了交通肇事罪的责任主体不仅包括从事交通运输的人员（如驾驶员），还包括非交通运输人员即除交通运输人员以外的一切人员，但在司法实践中，交通肇事罪的责任主体主要为机动车驾驶员。而在水上交通领域，船舶一般不是由一人控制和操纵，而是一个由若干人员共同操纵，船长、轮机长、大副、二副、舵工等工作人员须各司其职，密切配合，才能完成驾驶船舶的任务，保证船舶的安全航行。在船舶发生交通事故、构成交通肇事犯罪时，应根据他们在事故中的责任程度，具体确定负刑事责任的人员。因此，水上交通肇事犯罪与道路交通肇事犯罪相比，主体具有相对的复杂性，既包括驾驶船舶的人员和操作船舶设备的人员，如船员，还包括对船舶运输活动的直接指挥和领导人员，如引航员、船舶所有人、船舶承租人和经营人等。单就机动车驾驶员和船员进行比较，无论是在资质取得条件上还是在工作性质、职业环境等方面均有很大不同。

首先，陆上驾驶机动车辆一部分是进行客货运输，但更多的以车代步，作为家用。因此，机动车辆驾驶员只要拥有相应车辆驾驶执照即可驾驶机动车辆，因而陆上交通肇事罪的主体就具有了普遍性和相对随意性，大多机动车驾驶人员并不以从事交通运输为其职业。而由于船舶操作的复杂性，除了内河上部分小船是单人操作，大部分内河船舶都是 2 人以上甚至多人共同操纵的，而海船几乎都是团队操作。水上交通运输受气候、航道、水流、潮汐、季节变化等自然因素的制约较大，船舶驾驶的复杂性和风险系数又远远超过了陆路上的汽车驾驶。因此，从事水上交通运输业务的人员都是职业的船员，这一群体具有固定性。

其次，驾驶机动车辆的操作方法比较简单，驾驶员对车辆可以实施个人有效控制和操纵，无须依赖他人的配合。而船舶驾驶通常不能仅由一人完成，需要各个部门不同船员按照操作程序完成。对于驾驶船舶这样一个分工精密、高度机械化的工作，自然需要一个分工合作、令行禁止的团队，团队中包括各类船员，船长、大副、轮机长、舵工等。依据职务的高低，权责范围不同，他们之间具有明确的操作分工，各自在职权范围内完成驾驶船舶的任务，保证船舶安全航行。

再次,从业资质的取得方面,机动车驾驶证的获得较为容易,只要年满18周岁依法取得相应车辆机动车驾驶证的人即可。而因航线的船员级别、业务内容的不同,对船员资质的要求也有所不同。因为水上运输具有较高风险,船员须具有较高的技术性。实践中,从船员的入行培训,到考试、发证都有一套严密的规章制度。高级船员要经过正规的大专以上的学历教育,对于船舶的操控系统和机械设备都要有全面的了解和掌握,同时,针对不同专业的船员,还要求达到行业的标准化技术要求,体现出高度专业性。

最后,工作环境不同。一方面,船员的职业特殊性决定了船员要经常面临高强度的日常工作,人员相对固定,封闭狭小的活动空间,噪声、震动大,频繁的船舶检查、机械维修、专项活动、单一的工作环境,远离大陆和家人朋友,信息较为闭塞;另一方面,工作环境决定了船员要面临恶劣的自然条件、频繁水上风险等,船员始终处于比较紧张的精神状态,使日常生活经常体验的感觉、知觉严重匮乏,这种感觉、知觉负荷不足的心理状态,导致船员容易出现焦虑、抑郁、恐慌或情绪紧张过度等心理应激现象。此外,在船时间过长、矛盾心理、职业危机等因素交互作用,也都在客观上影响着船员群体的心理状态。[①] 由此,在水上交通运输行业内部长期形成了一种共识:船员是一个高风险的行业,船员长期处于特殊的船舶环境中,较长时间在此种环境下容易产生恐惧、郁闷的心理,进而发生心理以及生理上的疲劳,因而在工作中难以集中精力以致发生意外事故也是不可避免的。但是,这些问题仅可作为船员法律责任的参考因素,并不能因此免去船员的法律责任。

因此,我们可以这样说,从事水上交通运输的人员是一个由若干船员组成的职业化团体,其中从事海上运输的海员团体更为固定和高度专业化,团队之间的协作也是陆上交通运输业务无法存在的。船员之间分工明确,只有各司其职、密切配合,才能完成驾驶船舶的任务,保证船舶的安全航行。按照工作的水域范围不同,可把船员分为内河船员和海员两大类,二者综合在一起可称为最广义的船员。海员是在海船上从事交通运输业务的船员,由于海船的复杂性与危险性较大,海员的适任条件较内河船员要严格得多。根据职务层次的高低,船员可分为高级船员和普通船员。

---

① 彭宏恺、石燕玲:《内河船员安全心理学探析》,《中国水运杂志》2009年第9期。

根据职能技术要求的不同，船员又可进一步细分为管理级、操作级和支持级。高级船员分为管理级和操作级。普通船员为支持级。管理级包括船长、轮机长、大副、大管轮、政委（仅中国部分国企航运公司存在）；操作级包括二副、二管轮、三副、三管轮，现在国内沿海的船上绝大部分还有管事一职，又称为船东代表，属于管理级；支持级包括水手长、机工长、一水、二水、技工等，还包括厨师、事务员等等。按照船员的工作性质不同，又可分为船舶驾驶类船员、轮机类船员和其他类船员。驾驶类船员包括船长、大副、二副、三副等高级船员和普通船员（如水手）；轮机类船员包括轮机长、大管轮、二管轮、三管轮等高级船员和普通船员（如机工）；其他类船员也分为高级船员和普通船员两类，由于各类船员工作性质不同，其岗位职责也各有分工。当然，非从事水上交通运输的人员也可以是（水上）交通肇事罪的主体。

综上，水上交通肇事犯罪的主体既不能仅仅局限于船长、大副、二副等直接操纵船舶的人员，也不能无限制地将船上的所有船员都涵括在"水上"交通肇事罪的主体范围之内。具体来说，水上交通肇事罪的主体分为如下四类：第一类，船舶驾驶人员，通常指在甲板部工作的海员，按职务由高到低分为大副、二副、三副、值班水手。第二类，船舶设备操作人员，通常被认为是在船舶轮机舱内工作的海员，按其级别分为：轮机长、大管轮、二管轮、三管轮和机工。第三类，船舶运输活动的直接领导和指挥人员，一般指对于船舶的航行运输能够领导和指挥的人员，包括船长、船舶的所有人（船公司或者船东）或出租人、承租人等。我国台湾2002年"船舶法"规定，以船长（也有同时规定以船舶所有人的）为法定负责人，不问其违法的状态，由何人的行为，其罚则均规定由船长负责。可见，就"船舶法"而言，行政犯的负责任者，不限于违反行政法规的行为人，对于违法状态的发生，负有注意监督义务者，也应负其责任。[①] 其中，船长是船舶上最高长官，对船上的行政和航行事务行使管理、统率和指导的权力，船员的法定义务只限于听从指挥，服从分配。第四类，其他类船员，主要指在船舶上工作的大厨、事务员等。需要注意的是，2000年《最高人民法院关于审理交通肇事刑事案件具体应用法律若干问题的解

[①] 参见黄明儒《论行政刑法与罪刑法定主义的关系》，见戴玉忠、刘明祥主编《犯罪与行政违法行为的界限及惩罚机制的协调》，北京大学出版社2008年版，第26页。

释》第五条第二款指使逃逸的规定和第七条强令违章驾驶的规定由于明确限定在机动车辆的范围，故不适用于水上领域。可见，水上交通肇事犯罪的主体范围相对于陆上交通肇事犯罪，范围更窄，业务要求也更为精细和专业，操作上更具复杂性。因而在船舶发生交通事故涉嫌犯罪时，应根据他们在事故中的责任程度，具体确定负刑事责任的人员。

四　水上交通犯罪刑事司法追诉困难

水域的广阔性和流动性决定了水上交通犯罪基本没有固定的犯罪现场，尤其是水域复杂多变的自然环境更使得执法机关难以采取陆地上常见的交通管制、围追堵截、设卡盘查等措施，不利于证据的收集、固定和保存。水域的开放性又在一定程度上便于犯罪分子逃窜，这导致水上交通犯罪更加难以控制和防范。依据我国《刑法》第一百三十三条的规定，交通事故导致人员死亡通常作为追究肇事者刑事责任的事实依据，但是这一条适用在水上交通领域却出现诸多的困难。与陆路的车辆事故不同，船舶碰撞翻沉或自沉事故的起因相对复杂，天灾与人祸很难鉴别，因果关系的疏理工作需要大量的航运技术支持，如果不懂航海技术和水上运输管理制度，刑事诉讼所需要的逻辑进程和证据链条基本上无法设置与提炼；责任主体难以界定也是实践中水上交通犯罪刑事追诉难的重要原因。同理，其他刑事责任条款在水上交通领域的运用也面临着相同的窘境。囿于上述原因，目前我国海事违法涉罪案件的刑事司法追诉率不到百分之十。

通过对我国水上交通行政执法部门的实地调研①，笔者发现了我国水上交通违法案件与刑事追诉案件的一些特点。目前水上交通行政执法机关移送刑事司法追诉的案件主要包括以下几种：1. 伪造证件类案件。这类案件发案数较高，移送司法机关追究刑事责任并受到刑事制裁的比率也很高，因为其案情相对简单，证据也易于掌握，所以基本上都能做到及时移送、及时处理。仅某市海事管理机构5年里就处理伪造、变造、买卖国家机关公文、证件、印章罪类案件39起。② 2. 破坏交通设施类案件。这类案件多以侵占、破坏航道或者航道设施为表现形式，如破坏灯塔、灯桩、

---

① 本课题组自成立后已实地调研、走访20多个涉海机构，完成全国海事行政执法问卷调查和海事违法涉罪案件问卷调查。

② 本书所有数据均来自课题组实地调研和调查问卷。

灯浮及无线电指向标等各类航标，盗窃航道设施蓄电池等，给船舶航行带来极大的安全隐患。这类案件和伪造证件类案件一样，一旦破获，刑事追诉也比较容易。3. 事故类案件。在水上交通行政执法中，事故类犯罪较为频发，但在涉嫌犯罪案件移送上却屈指可数。以我国某省为例，当地海事管理机构在5年间共处理水上交通事故313起，事故共计造成人员死亡156人，失踪49人，重伤7人，然而移送司法机关的只有4起，得到刑事判决的仅有2起，移送案件数量仅占涉罪案件数量的1.27%。渎职类等案件的移送更是鲜见。实际上，我国水上交通事故发生频繁且数量较大，比较容易进入刑事司法环节并得到最终判决的案件通常是具有逃逸致人死亡情节以及死亡人数较多的案件。甚至在海事系统具有一个不成文的认识：船员职业风险大，如果按照陆上的入刑标准追究刑事责任，便是对船员的不公平，因而个别海事管理机构在执法中提高了入罪的门槛，比如案发于陆上的交通肇事罪以死亡1人或重伤3人作为入罪的标准，而海事机关却把死亡人数提高至3人。① 此外，水上交通系统内部对于船舶违法犯罪的主观罪过形式、共同犯罪的认定标准、渎职犯罪的入罪标准都有不同的认识。

水上交通犯罪刑事追诉难，一方面是因为实体法对于罪量标准界定不明导致立案标准在实务操作中陷入困境，另一方面是水上交通行政执法与刑事司法衔接不畅所致。理论上讲，水上交通行政执法过程中发现的涉罪案件称为"行政犯"，此类案件如果要进入刑事追诉程序必须经由行政机关的移送，行政机关如果不移送案件，便阻断了案件的正常流程，使司法权落空，进而导致刑法的预防作用得不到发挥。由于水上交通环境多变，水上（尤其是海上）交通的风险远远高于陆地，交通责任事故类案件的责任认定相对陆上也显得复杂得多，因而在执法过程中发现涉罪案件与移送涉罪案件都是一个比较棘手的问题。

在我国刑事诉讼中，立案是刑事诉讼活动开始的标志。但是在水上交通违法涉嫌犯罪案件的发现上，侦查机关管辖具有被动性。根据《中华人民共和国内河交通安全管理条例》的规定，内河交通安全监督管理的主体是海事管理机构，内河水上交通事故由海事管理机构负责调查处理，公安

---

① 本书认为，提高入罪门槛的做法看似违背罪刑法定原则，但是海上运输的风险在客观上确实远远高于陆地，通过立法上或司法解释解决这一问题十分必要。

机关没有管辖权。按《行政执法机关移送涉嫌犯罪案件的规定》，只有当海事管理机构经对水上交通事故调查取证认为构成犯罪并移送公安机关时，公安机关才能依法立案侦查。如果海事管理机构发现不了或不移送涉嫌水上交通犯罪案件，公安机关无法也无权进行侦查。而公安机关要立案追究涉嫌水上交通犯罪行为人的刑事责任时，必须先等海事管理机构出具《海上交通事故调查报告书》查明事故原因、判明当事人责任；海事管理机构进行了事故责任认定，公安机关才能进一步开展工作。内河水域广阔，海洋自然环境复杂，对水上航行的船舶难以像对道路上通行的车辆那样实施有效的监控；水的流动性使得犯罪现场极易受到破坏，而且一旦现场遭到破坏，很难加以恢复，特别是肇事船舶逃逸后，水面很快平静如初，一切痕迹荡然无存；受取证能力和手段的限制，海事管理机构对已查处事故中的犯罪行为的发现、证实能力相对较弱，难免发生漏罪现象；而公安机关侦查管辖的被动性，带来了侦查的滞后和困难。即使公安机关提前介入案件，也需要借助海事部门对案件的调查结论来决定是否立案，以及立案后是否移送案件至检察机关。然而，海事部门对案件的鉴定结论周期远远超过公安机关的立案期限和对犯罪嫌疑人变更强制措施的期限。海事部门的案件调查结论未出具之前，既没有证据证明案件符合刑事立案标准而可以向司法机关移送案件，侦查机关也难以继续维持原有刑事强制措施，从而导致涉嫌犯罪案件被动息诉放人的现象比比皆是。这些都给水上交通犯罪的现场勘查和现场取证工作带来了极大的困难，严重影响着刑事责任的追究。

第二章

水上交通犯罪刑事责任的基本问题

水上交通犯罪的频繁发生，原因是多方面的，如水路安全设施不完善，民众水上交通安全意识匮乏，涉水交通行政管理不善，海上气候环境复杂，等等。但是，刑法没有充分发挥其保障交通秩序的作用也是其中重要的原因。

刑法对社会活动的规制作用通过刑事责任[①]来体现，刑法有关犯罪和刑罚的规定，都是围绕着"要不要追究刑事责任""追究什么样的刑事责任"以及"如何实现刑事责任"等问题展开的。所谓"刑事责任"，是指行为人因其犯罪行为所应承受的由代表国家的司法机关根据刑事法律对该行为所作的否定评价的负担。这种负担应当与犯罪人的人身危险性、其行为的社会危害性程度相适应。根据法律关系和刑事法律关系的一般原理，犯罪是刑事法律关系赖以产生的法律事实，刑事责任是刑事法律关系中刑法义务的基本内容，而刑罚则是刑事责任的基本实现方式。因此，犯罪和刑事责任是"因"和"果"的关系，刑事责任与刑罚是责任与责任承担方式的关系。从产生阶段来看，刑事责任与犯罪同时产生，没有犯罪，就没有刑事责任；适用刑罚的前提是存在刑事责任，刑事责任的有无与大小决定刑罚的有无和轻重。换言之，"犯罪是追究刑事责任的前提和基础，刑事责任是犯罪及其他因素的有机整合；刑事责任是决定刑罚的唯一根据，有犯罪并不一定必然有刑罚，而必须要有刑事责任"[②]。可见，立法

---

① 在德、日刑法和刑法理论中，"责任"是作为犯罪成立的条件之一的，称为"有责性"，专指构成犯罪承担刑罚的主观心理态度。如日本学者木村龟二认为："刑事责任指以实施了符合构成要件的违法行为为理由对行为人所作的社会性非难或苛责这种无价性或无价值判断。"（参见[日] 木村龟二《刑法总论》（增补版），有斐阁1984年版，第668页。）因而，他们所说的刑事责任与我国刑法和刑法理论中的"刑事责任"有根本性的区别。

② 张旭：《关于刑事责任的若干追问》，《法学研究》2005年第1期。

层面界定行为是否为犯罪以及刑罚如何规定的衡量依据是刑事责任,司法层面决定是否适用刑罚以及刑罚如何适用的标准也是刑事责任。作为联结犯罪与刑罚的纽带,刑事责任是罪刑关系不可或缺的一个至关重要的环节,是刑罚体系中与犯罪相对应的一个独立的、具有实质内容的重要组成部分。然而,由于我国现行刑法和传统刑法学理论中对刑事责任的地位和意义缺乏足够的认识,致使在刑事立法和刑法学体系中对刑事责任的重视程度,与其应有的地位极不相称,有时甚至将其视为刑罚的同义语,这既不利于刑事立法的完善和刑法学研究的深入发展,也给司法实践中准确认定和规制违法犯罪行为带来了诸多问题,这些问题也较为明显地反映在水上交通犯罪领域。

第一节 水上交通犯罪刑事责任概述

水上交通犯罪刑事责任,与民事责任和行政责任相比,无论是立法体系还是司法实践,甚至是理论研究,都相对羸弱得多。既缺乏规范体系上的完整性,也长时间被司法系统所忽视,导致运用刑法规制水上交通犯罪时捉襟见肘,不利于水上交通秩序乃至社会秩序的稳定。

一 水上交通犯罪刑事责任的定义

水上交通犯罪刑事责任,是指具有刑事责任能力的行为人由于实施了与水路交通运输有关的刑事法律所禁止的行为,而必须依法承受的由国家司法机关对其犯罪行为进行否定评价的负担。水上交通犯罪的刑事责任应具有如下特征。

(1) 引起水上交通犯罪刑事责任的原因是行为人实施了与水路交通运输有关的刑事法律所禁止的行为。

(2) 水上交通犯罪刑事责任的大小应当与犯罪的社会危害性和犯罪人的人身危险性程度相适应。

(3) 水上交通犯罪的刑事责任是水上交通违法责任中具有最强烈惩罚性的法律责任。

(4) 水上交通犯罪的刑事责任反映了国家和社会对水上犯罪行为的否定评价和谴责。

(5) 水上交通犯罪的刑事责任是一种严格的个人责任,必须由也只能由犯罪人承担。

（6）水上交通犯罪的刑事责任一经确立，犯罪人和被害人之间不得协商变更。

（7）水上交通犯罪的刑事责任可以由以刑事处罚、非刑罚的处理或者单纯否定性的方式来实现。

（8）水上交通犯罪的刑事责任由代表国家的司法机关强制犯罪人承担。

二 水上交通犯罪刑事责任的产生、确认和实现

刑事责任从开始到终结是一个动态的过程，整个过程揭示了某一特定犯罪的刑事责任的产生与形成、刑事责任的确定和追究、刑事责任的承担和终结，以及在整个存续过程中刑事责任的法定变更问题。根据刑事责任在这一过程中不同期间的主要特点，我们将水上交通犯罪的刑事责任分为产生阶段、确认阶段和实现阶段三部分。

第一阶段是刑事责任的产生阶段。刑事责任的产生，以行为人实施犯罪为起点，司法机关（或公安机关）立案为终点。该起始点因为犯罪形态不同，情况也有所差异。对于故意犯罪来说，实施犯罪预备时，刑事责任即行产生；若法律规定不处罚犯罪预备，则刑事责任产生于着手实行犯罪时；过失犯罪中，刑事责任要在犯罪结果发生时才产生。在犯罪未被发现或是告诉才处理的案件而被害人未告诉的情形下，可能刑事责任已经客观存在但司法机关没有进行追究。还有一种情形，刑事责任可能消灭，即没有在法定追诉期限内追诉，这是不产生刑事责任的下个阶段。在司法机关（或公安机关）立案之前，行为人可能出现的自首或立功等情况也会对刑事责任产生影响，这依旧属于刑事责任的产生阶段。

在陆上交通犯罪中，涉嫌犯罪案件的来源通常是受害人或其他民众的报案，第一时间到达案件现场的是公安机关，通常是公安局下属的交警部门。与此不同的是，水上交通犯罪的绝大多数案件最先接收的水上行政执法机关，如海事局。因此，水上交通涉嫌犯罪案件必须首先经过海事部门的案件调查环节，如果海事管理机构认定案件的危害程度或情节达到了刑事立案标准，才将案件移送至交通公安机关或边防海警。而海事部门的案件来源通常是事故现场目击人的举报或者海事监察过程中所发现的案件。因而，在刑事责任的产生这一环节上，海事部门执法对案件的启动起着不

可替代的作用。

第二阶段是刑事责任的确认阶段。刑事责任的确认，又叫刑事责任的评价，这一阶段自司法机关（或公安机关）立案时起，到人民法院作出有罪判决生效时止。该阶段主要任务是确认行为人是否实施了犯罪行为，是否负刑事责任，应负怎样的刑事责任以及如何实现刑事责任。国家为保证该阶段工作的顺利进行，由立法机关在刑事诉讼法中规定了必要的程序，公安、司法机关必须严格依法办理，正确确认行为人的刑事责任。就大多数犯罪来讲，刑事责任要得到确认，必须经过侦查、起诉和审判三个刑事诉讼阶段。从司法机关（或公安机关）立案时起，是指由公安机关管辖范围的案件，从公安机关立案侦查时起；由检察机关管辖范围的案件，从检察机关立案侦查时起；人民法院依法直接受理的案件，从人民法院受理时起。公安、检察机关进行侦查时，必须客观、公正、实事求是，严禁以非法方法收集证据，更不能刑讯逼供；不仅要收集犯罪嫌疑人有罪或是罪轻罪重的证据，还要收集能证明其无罪的证据，即必须全面收集。各种询问、检查、勘验、搜查等都必须符合法律规定。对侦查终结的案件，需要提起公诉的，一律由检察机关审查决定。《刑诉法》第一百三十七条规定："人民检察院审查案件的时候，必须查明：（一）犯罪事实、情节是否清楚，证据是否确实、充分，犯罪性质和罪名的认定是否正确；（二）有无遗漏罪行和其他应当追究刑事责任的人；（三）是否属于不应当追究刑事责任的；（四）有无附带民事诉讼；（五）侦查活动是否合法。"经过审查，如果认为犯罪事实已经查清，证据确实、充分，需要追究刑事责任的，检察机关应当作出提起公诉的决定；如果认为不构成犯罪或者有其他法定不起诉情形的，检察机关应当或者可以作出不起诉的决定。审判机关对提起公诉的案件进行审查后，符合开庭审判条件的，应当决定开庭审判。在审判中主要解决如下问题：行为人的行为是否构成犯罪？是否承担刑事责任？在承担刑事责任的前提下还得在综合考虑有关情节的基础上确定承担什么程度的刑事责任？判处何种刑罚？（即如何实现刑事责任？）要解决这些问题必须坚持以事实为根据，以刑法为准绳。刑事责任最终的确认必须经过这三个刑事诉讼阶段。

确认水上交通犯罪刑事责任最大的障碍并非存在于案件的公诉与审判阶段，而是存在于立案环节中。相较于陆上交通犯罪中公安机关的立案侦查与移送,水上交通犯罪在这一环节障碍较多。不仅在案件侦查责任认定方面存在着从海事管理机构优先侦查认定到公安机关后续侦查并认定的重复性执法,在涉嫌犯罪案件的移送中也由于证据固定难、移送依据不明确、移送程序粗放化等带来各种问题,影响着追究水上交通犯罪的刑事责任,在案件的审判与执行中也存在问题。

第三阶段是刑事责任的实现阶段。该阶段自人民法院作出有罪判决生效时起,直至刑事制裁措施执行完毕或赦免时止。作为刑事责任的最后阶段,刑事责任的实现也是刑事责任阶段的核心。刑事责任实现主要方式是执行刑罚。司法机关是刑罚执行主体,不同刑种和不同判决刑期决定了刑罚持续时间的长短。对于犯罪情节轻微无须判处刑罚的案件,法院仅宣告有罪而免予刑罚处罚。这种免予刑罚处罚的判决,一经发生法律效力,刑事责任即刻实现,没有时间上的持续过程。

刑事责任的终结与实现密切相关,或者由于刑事责任得到实现而终结,或者由于刑事责任消灭而终结。实现方式是刑罚的,刑罚执行完毕或赦免是为终结;实现方式是非刑罚的,非刑罚处理方法执行完毕是为终结;实现方式是免予刑罚处罚的,有罪判决生效是为终结。因刑事责任消灭而终结的情形,如犯罪已经超过追诉时效,刑事责任就自行消灭无法进行追究,犯罪人的刑事责任已告终结。

三 水上交通犯罪刑事责任的解决方式

刑事责任的解决,是指对已经产生的刑事责任进行处理使刑事责任能够终结。在当今社会,刑事责任的实现形式已经不再单纯地表现为刑罚处罚,还表现为非刑罚处罚,甚至是仅仅宣告有罪。[①] 对于刑事责任的解决方式,我国刑法学界一般概括为四种,包括定罪判刑、定罪免刑、消灭处理和转移处理。按照性质的不同,这四种刑事责任的解决方式可以分为两类,第一类包括定罪判刑和定罪免刑,属于刑事责任的实现方式;而消灭处理和转移处理包含在第二类中,属于刑事责任的其他解决方式。这两类解决方式具有本质的不同,第一类解决方式是依法已经追究行为人的刑事责任,完全实现了刑事责任的内容,而第二类解决方式是在不允许或者不能追究行为人的刑事责任的情况下做出的处理方案,实际上并没有追究刑

---

① 王晨:《刑事责任的一般理论》,武汉大学出版社1998年版,第56页。

事责任。因此，本书将对这两类解决方式分别展开论述。①

刑事责任的实现方式，又称为刑事责任的承担方式，是刑法规定的以犯罪为前提的由犯罪人承担的法律后果，是国家制裁犯罪人的方法和犯罪人承担制裁的方法。刑事责任的实现方式共计有以下三种。

其一，定罪判刑方式，即通过给予刑罚处罚的方法来实现。定罪判刑方式，是人民法院对犯罪人认定有罪作出定罪判决的同时宣告适用相应的刑罚，这是刑事责任实现的基本方式。刑罚是指刑法规定的，由国家审判机关对犯罪分子适用并由专门机构执行的限制或剥夺其某种权益的强制性制裁方法。限制或者剥夺犯罪人的某种权益，使其遭受一定的损失和痛苦，是刑罚的本质属性，所以说，刑罚是惩罚犯罪行为人最为严厉的国家强制措施。它不仅可以剥夺犯罪人的财产、政治权利，而且可以剥夺其人身自由甚至是生命。适用刑罚必须贯彻执行罪刑责相适应的原则。在适用刑罚时，应当根据犯罪的事实、犯罪的性质、情节和对社会的危害程度，依照刑法的规定判处，要做到宽严无误，不枉不纵，使犯罪人承担应负的刑事责任。我国《刑法》规定的刑罚方式包括主刑和附加刑。主刑是一种主要的刑罚方法，包括五种，即管制、拘役、有期徒刑、无期徒刑、死刑，其特点为仅可独立适用而不能附加适用，对犯罪人只能判处一种主刑，一个罪也只能判处一种主刑。附加刑是对主刑的补充，又称为从刑，既可独立适用判处一个或多个附加刑，也能在主刑之后附加适用一个或多个刑种。附加刑有三种，分别是罚金、剥夺政治权利和没收财产。外国人在我国犯罪，可独立适用或附加适用驱除出境。鉴于水上环节的特殊性以及远洋运输的高风险性，水上交通犯罪的刑事责任在人身制裁上要进行一定的限制，可在财产刑上加大力度以不失刑罚的公正性。

其二，辅助方式，即作出定罪判决虽免除刑罚，但给予非刑罚处理方法的处理，是定罪免刑方式的一种。定罪免刑，即法院对犯罪人认定有罪作出定罪判决而免除刑罚。除了主刑和附加刑，我国刑法中还有对非刑罚的处理方法的规定，即通过适用刑罚之外的其他方法追究刑事责任。非刑罚处理方法的特点是：对犯罪分子适用却不具有刑罚的性质，即非刑罚处理方法的适用以行为人的行为已经构成犯罪为前提。如果行为人的行为并

---

① 齐文远、周详：《刑法、刑事责任、形势政策研究——哲学、社会学、法律文化的视角》，北京大学出版社2004年版，第210页。

不构成犯罪，那么就不能适用非刑罚处理方法。非刑罚处理方法包括三类：第一类是判处赔偿经济损失和责令赔偿经济损失，适用于因犯罪行为导致被害人遭受经济损失的情形，在给予刑事处罚之外判处赔偿经济损失；第二类是训诫、责令具结悔过和责令赔礼道歉；第三类是由主管部门给予行政处罚或行政处分。后面两类处罚主要适用于犯罪情节轻微不需要判处刑罚的情况。

其三，特殊方式，即通过宣布行为是犯罪、行为人是犯罪人的方法实现刑事责任。此种方式是作出定罪判决但免除刑罚处罚而不给任何处分，因而也属于定罪免刑方式。无论是给予非刑罚处罚方法的处理，或者是免除处罚，都没有否定行为人的刑事责任的存在。他们都是以有罪宣告为前提，而宣告有罪，就意味着存在刑事责任；宣告有罪的判决，是对犯罪行为的否定和对犯罪人的谴责，从而定罪免刑也就成为解决刑事责任的一种方式。这两种方式是解决刑事责任的次要方式。

对于水上交通犯罪刑事责任的实现，还要特别注意以下几点：一、刑事责任的实现方式不包含刑事诉讼强制措施。刑事诉讼强制措施并非在实体上对犯罪进行制裁，而是确保刑事诉讼程序正常进行的措施，主要发生在刑事责任确认阶段。认为刑事诉讼强制措施是刑事责任的实现方式，是把诉讼法上的强制措施与刑法上的刑事制裁方法混为一谈了。二、刑罚和非刑罚处理方法之外的其他强制措施也不是刑事责任的实现方式。例如，运用外交手段解决有豁免权或外交特权的外国人的刑事责任问题，是特殊办法而不属于刑事责任的实现。因为此时还处于刑事责任的确认阶段。三、刑罚并非刑事责任实现的唯一方式。刑法除规定刑罚外，还规定了非刑罚处理方法，同时免予刑罚处罚的有罪判决，也是对犯罪的否定和对犯罪人的谴责，这些都构成对犯罪人的法律负担。这些刑事责任实现的方式不应被否定。

刑事责任的其他解决方式包括消灭处理方式和转移处理方式。消灭处理方式的含义是，行为人构成犯罪应该负刑事责任，但法律规定的阻却刑事责任事由的存在，使刑事责任归于消灭。这时行为人不需要承担刑事责任，同时国家也不追究行为人的刑事责任。比如，犯罪行为已过追诉时效的期限，犯罪人死亡或者经特赦予以释放，基于以上原因，行为人刑事责任已经归于消灭。这在客观上使得刑事责任终结，属于刑事责任解决方式的一种。转移处理方式的含义是行为人的刑事责任不由我国司法机关解决,而是通过外交途径解决。这种解决方式,是根据国际惯例和国家之间的平等原则采用的,可以说是极为特殊的解决方式。

第二节 水上交通领域刑事责任与其他法律责任的界分

民事责任、行政责任和刑事责任都存在于水上交通领域,只是由于长期形成的行业团体保护意识,刑事责任很少发挥作用,违法行为只能依靠承担民事责任或行政责任来定分止争,息事宁人。民事责任、行政责任、刑事责任都属于法律责任的下位概念。民事责任是指由于违反民事法律、违约或者由于民法规定所应承担的一种法律责任。责任形式包括停止侵害、排除妨碍、消除危险、返还财产、恢复原状、修理、重作、更换、赔偿损失、支付违约金、消除影响、恢复名誉、赔礼道歉等。行政责任是指因违反行政法规定或因行政法规定而应承担的法律责任。责任形式包括行政处分(内部制裁措施)和行政处罚两种,行政处分包括警告、记过、记大过、降级、撤职、开除;行政处罚包括警告、罚款、没收违法所得、没收非法财物、责令停产停业、暂扣或吊销许可证、暂扣或者吊销执照、行政拘留以及法律、行政法规规定的其他行政处罚。刑事责任是指行为人因其犯罪行为所必须承受的,由司法机关代表国家所确定的否定性法律后果。责任形式分为主刑、附加刑,管制、拘役、有期徒刑、无期徒刑、死刑属于主刑;罚金、剥夺政治权利、没收财产、驱逐出境属于附加刑。尽管民事责任、行政责任及刑事责任以不同的方式发挥着各自的作用,但都具有共同的本质属性,都是国家对违法行为的法律否定性评价和谴责。主要表现在两个方面:一是违法者需要承担不利的后果。不管行为人承担的法律责任是以赔礼道歉、处分财产、限制自由还是其他什么形式体现,其都表现为对违法者的不利后果。二是法律责任的实现具有强制性。不管是民事责任、行政责任还是刑事责任,都是违法者实施违法行为后的必然结果,由国家授权的机关追究其法律责任,具有强制力保障。

一 刑事责任与行政责任

行政责任与刑事责任都属于公法上的责任,作为两种性质互异的法律制裁方法,行政责任和刑事责任的区别要比二者的共同点更加复杂,主要表现在以下几个方面。

第一，适用的条件不同。行政责任是对一般违法行为的制裁，即对违法情节、后果较轻或一些特定的违法行为的制裁。刑事责任则是对违法情节、后果严重或一些特定的严重违法行为并且构成犯罪的行为的制裁。在水上交通领域，"以罚代刑"比较常见，行政责任"越位"的情形久禁不止。行政责任和刑事责任之间，在执法方面，责任方式失调严重是不可忽视的现实情况；在社会层面，公众对于两者在水上交通领域中的适用存在难以理解的认知，以高风险行业为由阻却刑事责任的适用已为行业共识，"船员入刑"更是屡遭诟病，本书将在下文着重论述。

第二，作用不同。行政责任的作用在于预防对社会秩序及公共利益的破坏，注重于下次乃至未来；刑事责任着眼过去，预防危害社会的行为，着重排除犯罪恶害、惩治犯罪行为。因而，行政责任以教育功能为重，制裁只是一种教育手段。在教育目的客观地达到时，法律应当允许行政主体免除违法行为人的行政责任；而刑事责任重在惩治，法律不能随意允许法院对罪犯予以刑事责任的免除，即便已客观达到教育的目的。

第三，权利性质不同。行政责任由国家特定行政机关按照法律规定具体实施，属于行政权范畴，严格遵循行政权的运作程序和规则，以追求行政权的价值准则；刑事责任由司法机关依据刑法规定实施，属于司法权范畴，严格遵照司法权运作的规则，遵循刑事诉讼程序，追求司法权的价值目标。

第四，责任承担主体不同。行政责任承担主体是行政管理相对人，包括公民、法人、其他组织，即行政责任有团体责任；刑事责任承担主体一般只能是公民，特殊罪名法人可以作为承担主体，刑事责任通常没有团体责任。

第五，责任实现方式侧重不同。行政责任通常是对轻微违法行为或社会危害性较小的行为进行惩处，以财产性处罚和能力资格处罚为主，人身处罚较少涉及，通过对财产的部分剥夺或对行为的一定限制达到惩戒目的，承担主体为公民时，原则上只有个人承担，禁止牵连其他人，但法人作为承担主体时，某些情况下还会对主管人员和直接责任人进行处罚；刑事责任是法律的最终制裁手段，所惩处的违法行为已经达到犯罪的程度，社会危害性通常比较严重，以人身罚即自由的方式为主，较少的适用能力罚和财产罚。

二 刑事责任与民事责任

第一，前提不同。承担民事责任的前提是违反民事义务，没有违反民事义务，就无须承担民事责任；刑事责任与犯罪存在必然的因果关系，承担刑事责任的前提是发生了犯罪行为。

第二，功能差异。民事责任以救济和补偿为主要功能，注重恢复受害人权利，赔偿受害人损失。刑事责任侧重惩罚和报复犯罪人，以威慑和警示为主要目的，惩罚功能和预防功能是其主要特色。

第三，实现方式不同。民事责任实现的基本形式有赔礼道歉、停止侵害、返还财产、恢复原状等，主要以财产性方式为主。刑事责任以限制人身自由、剥夺生命等严重方式来实现。

第四，严厉程度不同。民事责任的强制性最弱，当事人可以对责任内容和承担方式进行协商，因此多被称为"间接强制性"。刑事责任强制性强，国家权力直接介入，犯罪人与国家机关之间不能进行和解。刑事责任还具有最后性，即属于保护社会秩序的最后手段。同时，刑事责任制裁手段最为严厉，甚至可以通过剥夺人的生命的方式去实现。

第五，民事责任和刑事责任承担的主体不同。民事责任是违反民事义务的行为人对被侵害人承担责任，不是向社会或国家承担责任，因此是否实际地追究民事责任，可以被侵害人的意志为转移，民事侵权行为人可因被侵害人的同意而被免除责任，而刑事责任只能由犯罪人对国家承担责任。

第六，民事责任和刑事责任的主观方面不同。民事责任绝大多数是因过失行为所导致的，其责任范围一般也不受主观恶性大小的影响。刑事责任的成立一般以犯罪人的故意为常态，刑事责任的成立及大小受行为意志状态和行为人主观恶性的影响，过失作为另外一种主观方面，只有在法律明文规定时，才能被认定为犯罪。

第七，民事责任和刑事责任的制裁目的不同。民事责任是一种事后补救性质的责任，它主要体现的是一种损害—补救关系，遵循"无损害就无赔偿"的原则。它设立的首要和直接目的是对受害人的经济补偿。而刑事责任的形式主要是剥夺或限制自由，最重要的是剥夺生命；刑事责任也有经济制裁，如没收、罚金，但这些要上交国库，主要实现对犯罪分子的教育和预防作用。

第八，侵害客体不同。民事侵权行为理论并无行为客体和行为对象的区分，民事侵权行为所直接侵犯的就是相对人的利益，而并不是直接指向社会秩序和公共利益。刑事责任的犯罪行为所侵害的客体则更进一步，它既侵犯了特定的人或物，也构成对社会关系和社会公益的侵犯。

第三章

水上交通犯罪刑事责任归责的基础

刑事责任的根据，是刑事责任归责的基础，是刑事责任研究中最核心也最重要的一个问题，刑事责任的认定、性质和范围取决于刑事责任的依据。我们可从国家和刑事责任承担者两个角度看待水上交通犯罪刑事责任的根据：一方面，国家追究犯罪人的刑事责任是由于具有人身危险性的犯罪人实施了具有社会危害性的行为；另一方面，责任人承担刑事责任是责任人自身的人身危险性和其行为的社会危害性所致。而不论从哪个角度来说，刑事责任都是围绕犯罪行为来讲的，是说明以什么为前提让行为人承担刑事责任。因此，刑事责任的根据，是指国家追究行为人的刑事责任是基于何种前提或理由，或者行为人承担刑事责任是基于何种原因或前提。刑事责任从产生到终结，刑事责任的根据贯穿始终。刑事责任的根据包括具体认定刑事责任的事实根据和法律根据两个要素：事实根据，是指反映犯罪的社会危害性质及其程度而为该行为构成犯罪所必需的一切客观和主观事实的总和，具体体现为我国犯罪构成事实；而法律根据指的是国家追究犯罪人刑事责任的刑法、刑事诉讼法等法律及有关的司法解释。两者共同构成刑事责任归责的基础，它决定的是如何构成某刑事责任以及某行为是否应该追究刑事责任，选择何种刑事责任方式以及该刑事责任方式的程度，主要体现为三个方面的内容，包括犯罪实施者的主观恶性、犯罪行为的客观危害以及该行为的刑事违法性。

水上交通犯罪刑事责任的根据，是指在水上交通领域行为人承担刑事责任的前提和理由。当前水上交通犯罪惩治不力的原因之一就是在规范层面缺乏明确有效的刑事责任规则体系。在以过失犯罪为主的水上交通犯罪中，犯罪人的主观恶性相对于故意犯罪来讲是比较轻的，只有在交通肇事逃逸的情况下反映出犯罪人较强的主观恶性。但是，在水上交通犯罪的客观层面，却呈现出复杂多样的特点，危害后果也相对严重得多，主要体现在对水上交通安全秩序的破坏，人民生命财产的损害以及水域环境的危害方面。

第一节 水上交通犯罪刑事责任的事实根据

传统刑法理论认为，行为人负刑事责任的哲学依据是马克思主义的意志决定论，其负刑事责任的法律基础是刑法具体规定的犯罪构成，即行为人的行为具备了我国刑法所规定的犯罪构成事实。水上交通犯罪事实根据有一定的独特性，主要体现在犯罪构成的客观方面要件上，水上犯罪的场所是水域，而非陆地，于是便引发了犯罪事实与犯罪认定上的不同。立法者通过设置一个个具体的犯罪构成，使具有严重社会危害性的犯罪行为明确化、具体化、特定化。一个人如果实施了具备刑法所规定的犯罪构成事实的行为，就意味着该行为人犯了罪，应当承担刑事责任。因此，行为具备犯罪构成事实是刑事责任的事实根据，也是刑事责任归责的前提条件。

一 危害水上公共交通安全类犯罪刑事责任的根据

传统刑法理论的犯罪构成事实包括四个方面的构成要件，即犯罪客体、犯罪客观方面、犯罪主体和犯罪主观方面。危害水上公共交通安全类犯罪的构成要件事实分别是犯罪客体、犯罪客观方面、犯罪主体。

第一，犯罪客体。本类犯罪侵害的客体是水上公共交通安全，亦即水上交通运输环节中不特定或者多数人的生命、健康以及重大公共财产、他人财产的安全。所谓"不特定"，是指相对于其他罪危害的"特定"人和"特定"物而言，这类犯罪的危害对象具有事先无法确定的随机性，不限于一定范围的人或物；所谓"多数人"，是指这类犯罪对象的公众性，可能是几个人、几十个人或几百个人以上。本书认为，作为危害水上交通安全类犯罪的客体的公共交通安全中的"公共"，也是对"不特定"或者"多数人"的阐释。"不特定"与"多数人"二者居其一便可构成本类犯罪，不要求二者同时具备。值得特别强调的是，危害水上公共安全罪大多是危险犯，即使没有实际造成损害，只有客观上足以危害到不特定多数人的生命、健康或财产安全的，亦可构成本类犯罪，这类犯罪在国外被称为公共危险犯。此外，仅有财产损失而没发生人身伤亡的情形，也可构成危害公共安全罪，依据 2000 年 11 月 10 日最高人民法院《关于审理交通肇事刑事案件具体应用法律若干问题的解释》第二条的规定："造成公共财产或者他人财产直接损失，负事故全部或者主要责任，无能力赔偿数额在三十万元以上的处三年以下有期徒刑或者拘役。"从目前我国水上交通肇事案件的司法处理结果来看，一般情况下，只有发生了人员伤亡案件的，公安机关才在第一时间介入侦查，案件才有移送司法机关的可能。如果没有涉及人命的案件，移送司法机关的可能性极小。有学者对这一问题提出了异议：如果只要行为侵害了价值重大的财产就属于危害公共安全罪，就会出现故意毁损价值巨大的财产构成故意毁坏财物罪，而过失毁损价值重大的财产时，反而成立危害公共安全罪的不协调现象。① 我们认为，过失损坏价值重大的财产是否认定为危害公共安全罪，关键在于行为人侵害财产的行为是否对公共安全有威胁，如果仅有财产损失，但是，行为人造成财产损害的行为在客观上足以威胁到"不特定"或者"多数人"的生命、健康安全的，也可认定为危害公共安全罪。只有当行为人的侵财行为只造成了财产损失后果，既没有形成危害公共安全的危险，也没有实际上造成人员伤亡，才可考虑认定财产类犯罪或者做无罪处理。对于水上交通肇事中财产损失数额，援引交通肇事罪当前"30万元无力赔偿"的入罪标准是否合适，本书将在后文详细论述。

第二，犯罪客观方面。本类犯罪的客观方面主要表现为实施了危及水上公共交通安全，足以造成严重后果或已经造成严重后果的行为。危害水上公共交通安全的行为既可以表现为作为的方式，也可以以不作为的方式实施。当然，不作为者需要有职务上的作为义务。危害水上公共交通安全的行为，包括已经造成实际损害结果的行为，也包括虽未造成实际损害结果，但足以造成严重后果、危及水上人命安全及公私财产的行为。之所以作为一类社会危害性、危险性较大的犯罪，主要是由其客观特征所决定，或者是行为本身具有巨大的危险性，如放火、爆炸、储存、运输危险物质、强令违章冒险海上作业等行为；或者是行为侵害的对象具有危险性，如轮船、桥梁、航道、灯塔、标志以及与保障水上交通运输安全有关，正在使用中的交通设施等，作为犯罪对象的枪支、弹药、爆炸物和危险物质，都属于国家控制的危险品；或者是在特定的场合实施的行为，如船舶肇事、重大责任事故、危险物品肇事等。因此，除了法律明文规定的过失

---

① 张明楷：《刑法学》（第三版），法律出版社2007年版，第515页。

危害公共交通安全的行为，必须以造成严重后果为犯罪成立的必要要件之外，故意实施的行为即使尚未造成严重后果，但该行为只要造成足以危害公共交通安全的危险状态，就可以构成本类犯罪。

第三，犯罪主体。本类犯罪的犯罪主体，既有一般主体，也有特殊主体。大多数犯罪由一般主体构成，如放火罪①、交通肇事罪等，但也有少数犯罪可以由单位构成，或者只能有单位构成。前者，如非法运输、储存枪支、弹药、爆炸物罪和非法运输、储存危险物质罪；后者，如工程重大责任事故罪。船舶建造中的犯罪主体是船舶的设计单位、建造单位、工程监理单位等。

第四，犯罪主观方面。本类犯罪的主观方面，有故意，也有过失。

二　妨害水上交通管理秩序类犯罪刑事责任的根据

妨害水上交通管理秩序类犯罪刑事责任的事实根据在于行为符合本类犯罪的构成要件事实的四个方面，分别是：

第一，犯罪客体。本类犯罪侵犯的客体，是国家对水上公共交通领域的正常管理活动和秩序。作为本类犯罪保护法益的水上公共交通管理秩序，是指在水上交通领域生产、生活、运营或作业所必须遵守的行为准则及国家管理水上活动所调整的社会模式、结构体系和社会关系的有序性、稳定性与连续性。随着社会发展，人类并不会仅仅满足于能够维持生存的状态，相反会具有从混乱走向秩序的愿望。然而，秩序的形成和维护也需要不断规范，一定的社会秩序总是依赖于一定的社会管理活动。因此，从遵守行为准则与国家进行社会管理活动，是维护秩序的基本条件。②遵守并维护水上交通领域的管理秩序，这也是公民的社会义务与责任。违反水上公共交通管理秩序的行为有一般违法与犯罪的界分，依照刑法，只有情节严重的行为才能构成本类犯罪。

第二，犯罪客观方面。本类犯罪的客观方面，主要表现为行为人违反国家的水上公共交通领域的秩序管理法规，实施了妨害国家对于水上公共交通领域的正常管理活动、破坏水上管理秩序情节严重的行为。由

---

① 根据我国《刑法》第十七条规定，已满14周岁、不满16周岁的自然人，对放火罪，应当负刑事责任。

② 张明楷：《刑法学》（第三版），法律出版社2007年版，第751页。

于国家对水上公共交通领域秩序管理的范围较广,所以妨害水上公共管理秩序类犯罪与其他类型犯罪相比,繁杂凌乱,涉及社会生活的方方面面,本类犯罪的具体内容、表现形式和社会关系都体现出多样化的特点,具体而言,妨害水上公共交通管理秩序的行为可以分为如下几类:一是扰乱水上公共秩序类犯罪,如妨害公务罪,煽动暴力抗拒法律实施罪,伪造、变造、买卖国家机关公文、证件、印章罪,伪造公司、企业、事业单位、人民团体印章罪,聚众冲击国家机关罪,聚众扰乱公共场所秩序、交通秩序罪,聚众斗殴罪,寻衅滋事罪,赌博罪和开设赌场罪等;二是妨害司法类犯罪,如妨害作证罪,拒不执行判决、裁定罪等;三是妨害国(边)境管理类犯罪,如组织他人偷越国(边)境罪,提供伪造、变造的出入境证件罪等;四是妨害文物管理类犯罪,如倒卖文物罪等;五是危害公共卫生类犯罪,如妨害国境卫生检疫罪等;六是破坏环境资源保护类犯罪,如污染环境罪,非法捕捞水产品罪,非法采矿罪等;七是走私、贩卖、运输、制造毒品类犯罪;八是组织、强迫、引诱、容留、介绍卖淫类犯罪;九是制作、贩卖、传播淫秽物品类犯罪。前述九类犯罪的构成要件各不一样,有的是行为犯,有的是结果犯,有的是危险犯,还有的是情节犯,有的要求行为人实施的行为必须以违反国家相关规定或者特定法律规范的有关规定,有的则要求必须采用特定的方法、手段实施,还有的行为要求必须在特定的时间、场合实施,否则,此种犯罪不能成立。

第三,犯罪主体。本类犯罪以一般主体为主,也有少数是特殊主体;大部分犯罪仅限自然人主体;也有少部分犯罪既包括自然人主体,也包括单位主体;甚至个别犯罪只能由单位主体构成。

第四,犯罪主观方面。本类犯罪绝大多数表现为故意,有的故意犯罪还要求行为人具有特定的犯罪目的,如赌博罪等。过失只表现为少数犯罪的主观方面。

三 水上交通领域渎职类犯罪刑事责任的根据

水上交通领域渎职类犯罪是一种典型的职务犯罪,其刑事责任的事实根据在于行为符合本类犯罪的构成要件事实的四个方面,分别是:

第一,犯罪客体。本类犯罪侵犯的客体是水上交通领域国家机关的正常管理活动。所谓国家机关的正常管理活动，是指各级涉水①国家机关依法行使国家管理职权的正常活动，如各级行政部门（包括海事、公安、渔政、海关、海警等部门）及司法部门的正常管理活动。渎职罪是国家机关工作人员的严重失职行为，而这种失职行为对国家机关正常管理活动显然造成了严重的侵害。

第二，犯罪客观方面。本类犯罪的客观方面表现为行为人实施了徇私舞弊（包括徇私情、徇私利等）、滥用职权、玩忽职守并致使国家和人民利益遭受重大损失的行为。

一般来讲，本类犯罪的客观行为均为渎职行为，按照客观方面的行为性质可以分为三大类：第一类是徇私舞弊的渎职行为，表现为涉水国家机关工作人员在处理涉水公务过程中视公职为儿戏，利用职务上的便利为了一己之私而徇私情、徇私利，故意违背事实和法律，弄虚作假，隐瞒事实，欺上瞒下，不公正履行职责，如徇私舞弊减刑、假释、暂予监外执行、徇私舞弊不移交刑事案件等行为；第二类表现为滥用职权的渎职行为，即涉水国家机关工作人员不依法行使职权反而任意超越职权，违法决定、处理其无权决定或处理的事项，又或者违反规定处理涉水公务等；第三类则是玩忽职守的渎职行为，表现为水上执法工作人员严重不负责任、疏于职守、不认真履行或者不履行职责，如环境监管失职。依据刑法规定，一般的徇私舞弊、滥用职权和玩忽职守的行为并不都会构成渎职罪，只有那些造成国家和人民的利益遭受重大损失的渎职行为，才构成犯罪。

第三，犯罪主体。本类犯罪的主体为特殊主体，即涉水国家机关工作人员和代表涉水国家机关从事公务的人员。换言之，本类犯罪是身份犯，只有那些具有特定身份代表涉水国家机关从事公务的人，才能纳入本类犯罪的主体范围内。所谓特定身份，在本类犯罪一般是指国家机关工作人员，即各级国家机关中的管理人员和代表其从事公务的人员。

第四，犯罪主观方面。本类犯罪的主观方面，有的是故意，有的是过失，故意和过失的具体内容因具体犯罪的不同而不同。

---

① "涉水"，主要是指公务活动以处理涉及水上公共交通领域的事务为内容，包括水上行政管理与监督、水上行政处罚、水上行政执法等活动与涉水案件的侦查、移送、审判等水上司法活动。

四 水上交通领域侵权类犯罪刑事责任的根据

水上交通领域侵权类犯罪包括两种：侵犯公民人身权利类犯罪和侵犯财产类犯罪。侵犯公民人身权利类犯罪刑事责任的事实根据在于行为符合本类犯罪的构成要件事实的四个方面，它们分别是：

第一，犯罪客体。本类犯罪侵犯的客体，是公民的人身权利。所谓人身权利，是指公民依法享有的包括生命权、健康权、人身自由权、性自由权、人格权和婚姻自由权、名誉权等与其人身不可分离的权利。

第二，犯罪客观方面。本类犯罪客观方面，主要表现为以各种方法侵犯公民的人身权利的行为。行为方式既有作为，也有不作为。

第三，犯罪主体。本类犯罪通常为一般主体，即达到法定责任年龄、具有刑事责任能力的自然人。

第四，犯罪主观方面。除了少数犯罪（如过失致人重伤罪和过失致人死亡罪）由过失构成以外，其他犯罪的主观方面均为故意。

侵犯财产类犯罪刑事责任的事实根据在于行为符合该类犯罪的构成要件事实的四个方面，它们分别是：

第一，犯罪客体。本类犯罪侵犯的客体是公私财产所有权。财产所有权是指财产所有者依法对自己的财产享有的占有、使用、收益和处分的权利，其中以处分权为核心权力。一般而言，对于任何占有权、使用权、收益权以及处分权四种权利中任何一种权利的侵犯，都是对所有权的侵犯，而对处分权的侵犯，是对所有权整体的最严重的侵犯，也是绝大部分侵犯财产罪的最本质的特征。

第二，犯罪客观方面。本类犯罪的客观方面，主要表现为以暴力或者非暴力、公开或者秘密的方式，攫取公私财物，或者挪用、毁坏公私财物以及破坏生产经营的行为。本类犯罪绝大多数只能以作为的方式实施，如抢劫、盗窃等，不可能以不作为方式实施，但侵占罪通常表现为不作为。

第三，犯罪主体。本类犯罪大多由一般主体构成。

第四，犯罪主观方面。本类犯罪的主观方面是故意，过失不能构成。

第二节 水上交通犯罪刑事责任的法律根据

水上交通犯罪刑事责任的法律根据，是指国家追究水上交通犯罪人刑事责任所依据的刑事法律规范。我国并没有完整的水上交通刑事法律体系，这既是由我国的立法模式所决定的，也是对我国现实国情的反映。作为刑事责任法律根据的刑事立法对水上交通领域的犯罪问题关注不足直接导致了在司法实践中水上交通犯罪入刑者较少，其中的缘由比较复杂，但相关刑事立法的缺位，法律制度设计的疏漏必然是主要原因。

纵观我国封建社会的历代刑事立法，从《秦律》到《大清律》，立法者都秉持一种"大一统"的刑法立法理念，即使存在着"民刑不分、诸法合一"等缺点，但是这种"大一统"的刑事立法思想却长期为立法者推崇。该理念在1997年《刑法》修订时得到了充分展现。为了制定一部统一的刑法典，贯彻罪刑法定的原则，1997年《刑法》在修订之时将关于犯罪和刑罚的规定都集中于刑法典之中，连曾经是非刑事法律规范中的刑事责任条款也被纳入新刑法典中来。可以说1997年《刑法》的修订正式确立了我国的立法模式为刑法典模式，它将所有有关犯罪的刑事法律规范统一归纳于一个系统化、体系化的《刑法》之内，既方便公民熟识、查阅刑法规范，规范自己的日常行为，也方便司法实务部门高效、便捷地适用法律。同时，民法、经济法、行政法等其他部门法的法律法规规范依然保留着追究涉嫌犯罪的刑事责任的规定，如"构成犯罪的，依法追究刑事责任"。虽然仅是只言片语，但我国传统刑法理论仍然将其纳入刑事法律规范体系之内，称其为附属刑法条款。附属刑法在我国其大多只具有指向性的功能，并不包含真正关于犯罪的描述和罚则的规定。同时，自1999年12月25日全国人大常委会第九届第十三次会议上第一次通过《中华人民共和国刑法修正案》至今，我国立法机关已经先后通过了八个刑法修正案对现行刑法典进行修订，确立了刑法修正案的修订模式。刑法修正案模式的出现，可以很大程度上保全刑法典的机构和体系，维护了法典内容的完整统一和长久稳定性，又能及时地根据社会生活的变化对刑法典进行局部性的修改。因此，从目前来看，我国刑事立法仍属刑法典模式，修正案模式只为修订《刑法》，而附属刑法则褒贬不一，其功能和作用也屡遭质疑。这一立法模式对于水上交通犯罪的追诉和惩处而言，影响颇深。

一　主要法律依据——《中华人民共和国刑法典》

从刑法典立法模式的特点来看，我国《刑法》具有较高的稳定性、较强的权威性和较积极的一般预防效果。但是，在保持稳定性的同时，《刑法》也呈现出滞后性以及呆板性的特点。社会总是在日新月异的变化之中，新型犯罪层出不穷，这就要求法律能够适时调整，适时评价，而过于稳定的法典难以应对社会对法律的这种需求。如果硬要将一切都囊括其中，用旧的法律规范调整新的行为，必然出现问题，法律反而也会变得更加死板而僵硬，缺乏灵动性和变通性。

我国《刑法》并未对水上交通犯罪作单独立法，没有水路运输专门的罪名，也没有针对水上交通犯罪的专门条文，只能依据刑法典中关于交通犯罪的法律规定来规制水上交通犯罪行为。现行刑法典中可以用来调整水上交通犯罪的法律条文主要集中在《刑法》分则第二章、第六章和第九章：①

第一，危害水上公共交通安全类犯罪，主要集中分布在《刑法》第二章危害公共安全罪，包括放火罪（第一百一十四条第一款），失火罪（第一百一十五条第一款），破坏交通工具罪（第一百一十六条和第一百一十九条第一款），破坏交通设施罪（第一百一十七条和第一百一十九条第一款），过失损坏交通工具罪（第一百一十九条第二款），过失损坏交通设施罪（第一百一十九条第二款），劫持船只罪（第一百二十二条），非法买卖、运输、储存枪支、弹药、爆炸物罪（第一百二十五条第一款），非法买卖、运输、储存危险物质罪（第一百二十五条第二款），交通肇事罪（第一百三十三条），危险驾驶罪（第一百三十三条第一款），重大责任事故罪（第一百三十四条第一款），强令违章冒险作业罪（第一百三十四条第二款），重大劳动安全事故罪（第一百三十五条），大型群众性活动重大安全事故罪（第一百三十五条之一款），危险物品肇事罪（第一百三十六条），工程重大安全事故罪（第一百三十七条），消防责任事故罪（第一百三十九条），不报、谎报安全事故罪（第一百三十九条之一款）等。

第二，妨害水上交通管理秩序类犯罪，主要分布在《刑法》第六章妨害社会管理秩序罪，包括妨害公务罪（第二百七十七条），煽动暴力抗

---

① 侵犯公民人身权利与财产权利的犯罪，由于其仅仅是案发于水上，除此以外和陆地交通侵权类犯罪并无实质区别，因此在本书不属于中重点讨论内容，该类犯罪的定罪量刑参考陆上相关罪名的具体规定即可。

拒法律实施罪（第二百七十八条）、伪造、变造、买卖国家机关公文、证件、印章罪（第二百八十条第一款）、伪造公司、企业、事业单位、人民团体印章罪（第二百八十条第二款）、聚众冲击国家机关罪（第二百九十条第二款）、聚众扰乱公共场所秩序（第二百九十条第一款）、交通秩序罪（第二百九十一条）、聚众斗殴罪（二百九十二条）、寻衅滋事罪（二百九十三条）、赌博罪（第三百零三条第一款）、开设赌场罪（第三百零三条第二款）、妨害作证罪（第三百零七条）、拒不执行判决、裁定罪（第三百一十三条）、组织他人偷越国（边）境罪（第三百一十八条）、提供伪造、变造的出入境证件罪（第三百二十条）、妨害国境卫生检疫罪（第三百二十三条）、倒卖文物罪（第三百二十六条）、污染环境罪（第三百三十八条）、非法采矿罪（第三百四十三条）、走私、贩卖、运输、制造毒品罪（第三百四十七条）、组织、强迫、引诱、容留、介绍卖淫（第三百五十八条、第三百五十九条）、制作、贩卖、传播淫秽物品（第三百六十三条）等。

第三，水上交通领域渎职类犯罪，主要分布在《刑法》第九章，包括滥用职权罪（第三百九十七条）、玩忽职守罪（第三百九十七条）、徇私枉法罪（第三百九十九条）、私放在押人员罪（第四百条第一款）、失职致使在押人员脱逃罪（第四百条第二款）、徇私舞弊减刑、假释、暂予监外执行罪（第四百零一条）、徇私舞弊不移交刑事案件罪（第四百零二条）、环境监管失职罪（第四百零八条）等。

二 中国刑法典立法模式分析

从前述刑法罪名来看，表面上似乎对于水上交通领域的犯罪行为都能从刑法典中找到相关法律依据。然而，实践出真知，除了一些只有地点位于水上其余和陆地犯罪并无区别的犯罪行为外，还有许多犯罪情形适用上述罪名会产生"不适"反应。以交通肇事犯罪为例，从《刑法》关于交通犯罪的条文来看，无不反映出立法者对于交通犯罪的规定是以公路交通运输为背景的。交通运输包括公路运输、水路运输、航空运输和铁路运输。对于航空人员在航空运输中发生重大事故构成犯罪的，我国刑法设定了重大飞行事故罪；对于铁路运输人员在铁路运营过程中发生重大事故构成犯罪的，则按铁路运营安全事故罪处理；对于公路交通运输过程中发生重大事故构成犯罪的，我国刑法设立了交通肇事罪，但对于水路交通运输过程发生重大事故构成犯罪的,则无任何规定。这不得不说是立法的遗憾。从交通肇事罪的成立范围来看,除了驾驶机动车辆可以构成本罪外,在内河或者海上违规驾驶、操作船舶,发生重大事故导致严重后果发生,也可以构成本罪。换言之,交通肇事罪不仅适用于陆上公路交通运输,它也可以适用于水路交通运输。因此,为了将水上交通犯罪也包括进刑法典之内,我们只能将刑法第一百三十三条中的"交通运输"理解为除了航空运输和铁路运输以外的公路运输和水路运输(包括内河交通运输和海上交通运输)。只有这样,才能对水路交通犯罪进行刑法规制。实践中司法实务部门对于水上交通犯罪刑事责任的追究都是以公路交通犯罪刑罚体系为模板参考并直接适用的,而我国刑法理论界对于水上交通犯罪的研究也都是以刑法典中公路交通犯罪的相关条文规定为蓝本的。为了更好地理解和解释立法,我国刑法理论将交通肇事罪定义在"道路"交通运输这一层面,并认为"道路"自然包括"公路"和"水路"。然而,即使我们将水路包括进"道路"之内来勉强达到规制水路交通犯罪的目的,但在其他法律条文中,依旧体现出立法者对于"公路交通"的偏爱,而忽视了"水路交通"的情形。如《刑法修正案(八)》增加的危险驾驶罪的有关规定:"在道路上驾驶机动车追逐竞驶,情节恶劣的,或者在道路上醉酒驾驶机动车的,处拘役,并处罚金……"可见,即使我们交通肇事罪这一罪名体系中将水路交通肇事包括进去,在危险驾驶罪的立法中又一次有所疏漏。实践中,醉酒驾驶船舶时有发生,船舶追逐竞驶也不无可能。当这种驾驶船舶的行为导致重大事故涉嫌犯罪时,在立法层面,我们于法无据,只能勉强适用交通肇事罪的法律规定,并不能给予该行为准确的刑事法律评价。

因而可以说,水上交通犯罪在我国刑法体系中并没有形成系统准确的法律评价体系,这是刑法典模式的弊端,也是立法者对于水路交通运输的忽视所造成。当前水上交通运输的立法已经严重处于滞后状态,作为各个部门法律的最后一道屏障——刑法,更需要发挥好法律的指引、规范、预测和评价等作用,为规范水上运输行业起到至关重要且不可替代的作用。

就目前来看,现行刑法中的部分罪名是可以完全适用于水上交通犯罪的部分犯罪行为,如破坏交通设施罪、妨害公务罪、徇私舞弊不移交刑事案件罪、伪造、变造、买卖国家机关公文、证件罪等,但也有一些水上交通犯罪行为在适用现行刑法时出现了偏差,如交通肇事罪、重大责任事故罪、污染环境罪等。

仍然以交通肇事罪为例，由于交通肇事罪的立法者在立法之时直观地以公路交通运输为主，疏于考虑水路交通运输的情况，导致在实际的法律适用和实务工作中还是出现了交通肇事罪在水上交通领域"水土不服"的情形。在公路上驾驶机动车辆发生交通事故造成财产损失30万元无力赔偿的，即可成立交通肇事罪。然而，在水上交通运输领域，船舶是主要的交通运输工具，由于船舶的自身价值远远高于车辆，船舶运输装载货物的数量往往也比较大，一旦发生碰撞事故，一起船舶碰撞的财产损失少则几十万元，多则几百万元甚至几千万元。而驾驶机动车辆发生一起碰撞事故的财产损失少则几百上千元，多则几十万元，机动车辆碰撞事故的肇事一方无力赔偿达到30万元损失的，就可认定为交通肇事罪；但这一财产标准适用于水上交通肇事情形时，恐怕没有能逃过刑事制裁的。如果按照陆上交通肇事罪的财产入罪标准，船舶碰撞造成的损失很容易就达到了入罪的门槛，这无疑扩大了犯罪圈的适用，既有违刑法的谦抑性原则，也会失去法律应有的公正性。本书认为，水上交通事故的入罪门槛应当区别于道路交通事故，交通肇事罪30万元的财产损失不宜适用于水上交通领域。

同时，在水上交通肇事罪中，还有一个常态性的事故后果，那就是遇害人落水失踪下落不明。在水上交通运输中，船舶碰撞时有发生，也常有遇害者"活不见人，死不见尸"的情形，我们称之为失踪。从事故统计上看，死亡人数和失踪人数是合并计算的，但在交通事故涉嫌犯罪的情况下，死亡人数将单独计算并成为定罪量刑的重要标尺，那么失踪人数又如何处理，是否也是交通肇事罪的法定后果之一？如果在交通肇事中只造成遇害者落水失踪下落不明时，这种后果又能否作为刑法犯罪构成的结果要件来追究肇事者的刑事责任？陆上交通肇事罪衡量事故严重程度的标准主要有人员的死伤数量、财产的损失情况，而在水上交通事故中，失踪人员如何定性的问题如果不能妥善解决，就直接影响到对肇事者的定罪量刑。从当前立法来看，我国刑事立法并没有将人员失踪纳入事故类犯罪的法定后果之中，这是目前我国刑事立法领域的空白。因为在陆上事故类犯罪中，遇害人非死即伤，是不可能存在人员凭空消失的情形的。即使在矿难事故中遇害人被埋在矿井下找不到尸体，也是可以通过法定证据链来证明生命消失的状态。然而，在水上事故类犯罪中，由于水域的开阔尤其是海洋的不封闭性，人员落水后即使找不到尸体，也不能决然否定其生命存活的概率，过往的船只可能救助，遇害人漂流至其他地方也可能存活，通过证据链证明其必然死亡是很难的，对于司法资源也是浪费。因此，当水上交通事故导致人员失踪时，现有的交通肇事罪就捉襟见肘，司法实务部门也陷入了尴尬境地。

刑法的作用不在于其严厉性，而在于其对违法犯罪行为打击的及时性和必然性。追究重大水上交通事故肇事者的刑事责任对于预防和打击犯罪具有重要意义，这必然需要有相关配套法律规范作为依据和支撑。但就目前而言，我国并无专门针对水上交通犯罪的刑事法律规范，仅在非刑事法律规范中存在一些指向性的刑事责任条款。此外，对水上交通事故的定罪量刑标准的界定还应该进行全面的考量，充分考虑水上交通事故的特殊后果，包括人员伤亡和失踪情况，财产损失的特殊性质以及对于水域环境的破坏和生态损害等，在国家层面出台具有可操作性的刑事立案标准、定罪量刑标准以及案件移送与审判机制。只有这样，才能做到对水上违法犯罪行为不枉不纵，为我国的水运事业与海洋发展保驾护航。

三　附属刑法中的水上交通犯罪

所谓附属刑法，是指刑事立法机关在制定经济、行政等非刑事法律规范中附加制定的体现国家对一定范围内的特定社会关系加以特别刑法调整的关于犯罪与刑罚的行为规范的总称。附属刑法中的水上交通犯罪，是指触犯了非刑事法律规范中的与水上交通犯罪有关的刑事责任条款，依法应当承担刑事责任的违法行为。

在我国，附属刑法并没有准确的定位，也不具有其真正意义上的刑法规范的功能，其中的刑事责任条款也只是一种宣示性的公众告知条款，而没有真正意义上的刑事制裁内容。1997年《刑法》修订之后的非刑事法律规范（特别是第一次制定的）基本上仅采用"构成犯罪的，依法追究刑事责任"这一逐渐趋于统一的表述。对于"构成犯罪的，依法追究刑事责任"这类宣示性的规定，几乎所有的刑法教科书都认为这就是我国刑法体系中的附属刑法，这其实是对附属刑法的误解。从本质上来看，附属刑法应当是刑法的一种，应当具备刑法规范的基本特征，必须包含有罪状（行为模式）和法定刑（法律后果）的规定。然而，我国非刑事法律规范中的这些条款并没有关于罪状和相应法定刑的规定，并不具备刑法规范的基本特征，只能勉强称之为附属刑事责任条款。可以说，我国的附属刑事责任条款只是规定对某种犯罪行为依照或者比照刑法典、单行刑法的规定追究刑事责任，甚至只是笼统规定"构成犯罪的，依法追究刑事责任"，而都没有直接规定罪名与法定刑。因此，虽然这些附属刑事责任条款对于刑事犯罪的认定具有一定作用，但它对于犯罪的成立并无实质性的意义。

此外，从法律体系内部的统一性和部门法之间的协调性来看，非刑事法律规范中的刑事责任条款与刑法典之间的不协调也导致其在实践中并不能得到有效的适用。在我国立法实践中，部门法观念极强，几乎每个部门法都有自己的"领地"，所以在制定非刑事法律规范中的刑事责任条款时，刑法学者和专家几乎很少被邀请参与其中，而参与立法的学者通常都为本部门法领域的专家，他们对刑法并不太熟悉或者缺乏深入研究，由此导致他们在设定附属刑事责任条款时，并没有审慎地从刑法角度加以揣摩和思考，从而使得非刑事法律规范中的刑事责任条款与我国刑法典之间不配套、不协调、不衔接，最终导致这些刑事责任条款变成一纸具文。① 所以，只有当非刑事法律规范中设置了真正的罪刑规范时，才存在真正意义上的附属刑法，附属刑法也才是我国刑法的渊源。②

如前所述，我国目前对于行政犯采用的是一种依附性的立法模式，即在刑法典中规定行政犯的基本罪状和法定刑，行政法规对于追究刑事责任只作出笼统的宣告，并不设定独立的罪名和法定刑，如"构成犯罪的，依照有关法律规定追究刑事责任"。本书认为，采用这种依附型的行政犯立法模式，与我国长期以来形成的大一统的刑法立法理念及罪刑设置习惯密切相关，并存在许多缺点：第一，激化了成文法体制下刑法条文的机械化与行政法规灵活性之间的矛盾。此种立法模式下，附属刑法不具有独立的应用性，对刑法典依赖性极强，而刑法多次的修改大都是关于行政犯的内容，由此造成刑法频繁的变动，不利于维护刑法的稳定性和威严性，这是行政法规易变性与刑法稳定性之间矛盾的深刻体现。第二，这种立法模式带来的是法律规范的操作性差，不利于法律的执行。由于附属刑法中的刑事责任条款都只是概括指出"构成犯罪的，依法追究刑事责任"，并没有指明依照刑法的哪一个具体罪名或责任条款追究刑事责任，在实务中也很

---

① 参见吴情树、陈开欢《附属刑法规范的理性分析与现实选择》，《福建警察学院学报》2008年第5期。

② 参见张明楷《刑法学》第3版，法律出版社2007年版，第21页。

难将刑法条款和附属刑法中的刑事责任条款相对应，甚至出现对应不准、对应不上的情形。相同或相似的案情，虽然都是从附属刑法中的刑事责任条款出发，但是由于审判人员的差异可能导致对应出不同的刑法罪名，从而得出不同的处理结果。第三，还有部分行政法规中虽然明确列出了刑事责任条款，但是由于刑法已随着时代变迁而多次修改，附属刑法却还未作出相应调整，从而导致了法律适用上的混乱，新旧法交错无法适用。第四，依附性立法模式下还可能出现附属刑法的处罚罚则要求依照刑法追究刑事责任，但在刑法中却找不到对应的制裁条款，导致对于行政犯的处罚在附属刑法规范操作层面并不能真正落实。正如日本学者所言，"在中国，至少在现阶段，所有的刑罚法规都集中在刑罚典之中，而在刑罚典之外则几乎看不见，因此，在中国不存在日本所谓的行政刑法"①。

虽然在刑法理论界习惯将非刑事法律规范中的刑事责任条款作为刑法的渊源或者广义刑法的内容对待，但罪刑法定原则要求我们，刑事追诉所依据的只能是刑法（包括刑法典和单行刑法），不包括非刑事法律规范。一个行为是否构成犯罪，只能也必须按照刑法的规定进行判断。非刑事法律规范中"构成犯罪的，依法追究刑事责任"的规定只是非刑事法律规范与刑法的连接点，它并不规定某个行为的罪名和法定刑。即便存在这样的条款，实际上定罪处刑的依据仍在刑法，犯罪成立与否并不以"构成犯罪的，依法追究刑事责任"的指示为前提或者根据。换句话说，即使非刑事法律规范中不具有"构成犯罪的，依法追究责任"的规定，但如果有行为符合刑法规定的犯罪构成，也应将该行为作为犯罪处理。反之，即使非刑事法律规范中存在"构成犯罪的，依法追究刑事责任"的规定，但如果刑法并没有相对应的规定，则不能将此规定上升为刑法。可以肯定地说，由于非刑事法律规范实质上缺少规范的制裁要素，因而实质上不是刑法的渊源。② 近年来有学者针对非刑事法律规范中的"构成犯罪的，依法追究刑事责任"的表述进行分析后认为，"对于'构成犯罪的，依法追究刑事责任'所表示的规范内容，无论如何也想象不出其在法律适用上的意义何在；那些包含'构成犯罪的，依法追究刑事责任'语句的条款，不

---

① ［日］西原春夫：《日本刑法与中国刑法的本质差别》，黎宏译，载于赵秉志主编《刑法评论》（第7辑），法律出版社2005年版，第123页。

② 参见肖中华《经济犯罪的规范解释》，《法学研究》2006年第5期。

过是一些'稻草人条款',表面上具有威慑力,实际上不具有适用上的意义;如果以立法效能为判断标准,'构成犯罪的,依法追究刑事责任'几乎就是一句废话"①。

综上,我国非刑事法律规范中的刑事责任条款仅仅具有宣示作用,并不具备刑法的实质,根本不是真正意义上的附属刑法,因而对于犯罪的惩治和预防并无实质意义,甚至在某些情况下,反而造成司法实务部门的困惑。

纵观我国当前水上交通领域的行政法律法规,是比较繁杂的,本书将按照法律法规颁布实施的时间顺序和相关性逐一梳理。

第一是1983年的《中华人民共和国海上交通安全法》（以下简称《海安法》）②。该法在三十多年来为保障水上交通安全方面发挥了重要作用,一直适用至今。但是,相比发展到今天的水上交通运输形势,《海安法》早已凸显出不合时宜。仅从法律责任这一章节来看,该法仅用四条条文就涵盖了所有法律问责方式,明显失之单薄;至于刑事责任,该法第四十七条仅用"对违反本法构成犯罪的人员,由司法机关依法追究刑事责任"这一句宣示性的话就概括表达了我国刑事法律对海上交通安全的保障作用。可见,该法在刑事法律责任的追究方面并没有可以有效操作的指引规范,也没有具体的定罪标准,笼统的一句宣告式表述就代表了全部刑事惩罚措施。2016年11月7日,全国人大常委会对《海安法》作出修订。修订过程中,充分吸收了水上交通安全管理实践经验和国内外安全管理发展成果,主要从应对海上交通安全管理新形势、响应航运发展国际化新需求,统筹国内立法新制度、强化海上交通安全治理能力、解决突出矛盾问题、维护国家海洋权益等方面进行了全方位、系统性修改,增加了法律制度的科学性和可操作性。从内容上看,修订草案共十章,一百一十九条,新增了8项法律制度,分别是航运公司安全与防污管理制度、船舶保安制度、船员在船工作权益保障制度、船员境外突发事件预警和应急处置制度、海上交通资源规划制度、海上无线电通信保障制度、特定的外国籍船

---

① 吴允锋:《非刑事法律规范中的刑事责任条款性质研究》,《华东政法大学学报》2009年第4期。

② 该法适用于中华人民共和国的港口、内水和领海以及国家管辖的一切其他水域,其内容涉及船舶检验和登记、船舶、设施上的人员管理、航行、停泊和作业的规章制度、安全保障、危险货物运输、海难救助、打捞清除、交通事故的调查处理以及法律责任等。

舶进出领海报告制度、海上渡口管理制度；充实完善了6项法律制度，分别是船员管理制度、货物与旅客运安全管理制度、维护海洋权益有关法律制度、海上搜寻救助制度、交通事故调查处理制度、法律责任和行政强制法律制度。2020年9月23日，国务院常务会审议通过《中华人民共和国海上交通安全法（修订草案）》。修订后的《海安法》能为更好地保障人民群众生命财产安全[①]和我国海上贸易安全有序发展提供基础性法律制度保障，有利于进一步落实政治体制改革的各项要求，进步释放市场活力，保障海上从业人员权益。遗憾的是，关于海上犯罪及刑事责任部分，修订后的《海安法》并没有作出与时俱进的改变。

第二是1987年《中华人民共和国水路运输管理条例》（已废止[②]）。该条例中只有一条涉及刑事责任，即第二十八条："违反本条例应当受治安管理处罚的，由公安机关处理；构成犯罪的，由司法机关依法追究刑事责任。" 1997年12月3日，2008年12月27日，国务院分别颁布的两次关于修改《中华人民共和国水路运输管理条例》的决定，对于第二十八条的法律责任部分没有做过任何修改。

第三是1989年《中华人民共和国渔港水域交通安全管理条例》。该条例全文仅有两个条文涉及刑事责任。如第二十六条"拒绝、阻碍渔政渔港监督管理工作人员依法执行公务，应当给予治安管理处罚的，由公安机关依照《中华人民共和国治安管理处罚法》有关规定处罚；构成犯罪的，由司法机关依法追究刑事责任"，第二十七条"渔政渔港监督管理工作人员，在渔港和渔港水域交通安全监督管理工作中，玩忽职守、滥用职权、徇私舞弊的，由其所在单位或者上级主管机关给予行政处分；构成犯罪

---

① 修订后的《海安法》明确了海上人命救助无且优先于财产和环境救的基本原则和搜救段体，海上险人员有无位得人命我助的权利，人命搜救优先于环境和财产教助，国院和有关地方人民政府根据需要设立海上搜救中心，负海上搜救的组织、协调和指挥工作。同时，国家设立专业海上搜队伍，配备专业搜装备，并鼓励社会力量依法津立海上教队伍参与海上搜救行动。

② 国务院1987年发布施行的《中华人民共和国水路运输管理条例》对推动国内水路运输的发展发挥了积极作用，但其中不少规定已明显不适应社会主义市场经济发展和转变政府职能的要求，实际已不适用；条文的规定也过于粗略，可操作性不强。为了建立健全与社会主义市场经济发展要求相适应的水路运输市场法律制度，依法规范水路运输经营活动，促进水路运输业健康发展，经广泛调查研究，总结实践经验，制定了新的《国内水路运输管理条例》（见下文）。本书将该法收入其中，旨在说明长期存在的立法疏漏问题。

的，由司法机关依法追究刑事责任"。虽然该条例经历了2011年1月8日《国务院关于废止和修改部分行政法规的决定》第一次修正、2017年10月7日《国务院关于修改部分行政法规的决定》第二次修正和2019年3月2日《国务院关于修改部分行政法规的决定》第三次修正，但是在涉及犯罪与刑事责任部分，该条例同样没有任何实质性的改变。

第四是1990年《中华人民共和国海上交通事故调查处理条例》。该条例第二十九条规定："违反本条例规定……（五）拒绝接受调查或无理阻挠、干扰港务监督进行调查的；（六）在受调查时故意隐瞒事实或提供虚假证明的。前款第（五）、（六）项行为构成犯罪的，由司法机关依法追究刑事责任。"第三十九条规定了渎职犯罪的刑事责任条款："对违反本条例规定，玩忽职守、滥用职权、营私舞弊、索贿受贿的港务监督人员，由行政监察机关或其所在单位给予行政处分；构成犯罪的，由司法机关依法追究刑事责任。"

第五是2002年《中华人民共和国内河交通安全管理条例》。全文中涉嫌犯罪的刑事责任条款共十一条，数量最多，内容也最具体，每一条款都指向了刑法典中的特定罪名，具有较强的可操作性，值得借鉴。例如该条例第七十九条对伪造、变造、买卖国家机关公文、证件罪进行了规定："违反本条例的规定，伪造、变造、买卖、转借、冒用船舶检验证书、船舶登记证书、船员适任证书或者其他适任证件的……触犯刑律的，依照刑法关于伪造、变造、买卖国家机关公文、证件罪或者其他罪的规定，依法追究刑事责任。"第八十条是关于重大责任事故罪的指引规定："违反本条例的规定，船舶、浮动设施的所有人或者经营人指使、强令船员违章操作……造成重大伤亡事故或者严重后果的，依照刑法关于重大责任事故罪或者其他罪的规定，依法追究刑事责任。"第八十二条是关于重大劳动安全事故罪的指引规定："违反本条例的规定，船舶不具备安全技术条件从事货物、旅客运输，或者超载运输货物、旅客……发生重大伤亡事故或者造成其他严重后果的，依照刑法关于重大劳动安全事故罪或者其他罪的规定，依法追究刑事责任。"第八十一条和第八十三条是规定了交通肇事罪："违反本条例的规定，船舶在内河航行、停泊或者作业，不遵守航行、避让和信号显示规则的……造成重大内河交通事故的，依照刑法关于交通肇事罪或者其他罪的规定，依法追究刑事责任"；"违反本条例的规定，船舶、浮动设施发生内河交通事故后逃逸的……触犯刑律的，依照刑法关于交通肇事罪或者其他罪的规定,依法追究刑事责任"。第八十四条是关于妨害公务罪的指引规定:"违反本条例的规定,阻碍、妨碍内河交通事故调查取证,或者谎报、隐匿、毁灭证据的……依照刑法关于妨害公务罪的规定,依法追究刑事责任。"同时,该条例还用了5个条文(第八十五条至八十九条)规定了涉嫌渎职犯罪的刑事责任。第八十五条:"违反本条例的规定,海事管理机构不依据法定的安全条件进行审批、许可的……造成重大内河交通事故或者致使公共财产、国家和人民利益遭受重大损失的,依照刑法关于滥用职权罪、玩忽职守罪或者其他罪的规定,依法追究刑事责任。"第八十六条:"违反本条例的规定,海事管理机构对审批、许可的安全事项不实施监督检查的……遭受重大损失的,依照刑法关于滥用职权罪、玩忽职守罪或者其他罪的规定,依法追究刑事责任。"第八十七条:"违反本条例的规定,海事管理机构发现船舶、浮动设施不再具备安全航行、停泊、作业条件而不及时撤销批准或者许可并予以处理的……造成重大内河交通事故或者致使公共财产、国家和人民利益遭受重大损失的,依照刑法关于滥用职权罪、玩忽职守罪或者其他罪的规定,依法追究刑事责任。"第八十八条:"违反本条例的规定,海事管理机构对未经审批、许可擅自从事旅客、危险货物运输的船舶不实施监督检查,或者发现内河交通安全隐患不及时依法处理,或者对违法行为不依法予以处罚……造成重大内河交通事故或者致使公共财产、国家和人民利益遭受重大损失的,依照刑法关于滥用职权罪、玩忽职守罪或者其他罪的规定,依法追究刑事责任。"第八十九条:"违反本条例的规定……造成重大内河交通事故或者致使公共财产、国家和人民利益遭受重大损失的,依照刑法关于滥用职权罪、玩忽职守罪或者其他罪的规定,依法追究刑事责任。"

第六是2013年《国内水路运输管理条例》[①]。该法涉及法律责任的部分共计十二条,但是有关犯罪和刑事责任的内容只有一条指向性条文:"第四十四条 违反本条例规定,构成违反治安管理行为的,依法给予治安管理处罚;构成犯罪的,依法追究刑事责任。"2016年2月6日《国务院关于修改部分行政法规的决定》对《国内水路运输管理条例》第一次修订,2017年3月1日《国务院关于废止和修改部分行政法规的决定》对

[①] 本条例自2013年1月1日起施行,1987年的《中华人民共和国水路运输管理条例》同时废止。

《国内水路运输管理条例》第二次修订，也并没有更进一步对刑事责任的规定。

第七是 2014 年《国内水路运输管理规定》。该规定的法律责任共有六条，没有只言片语涉及犯罪和刑事责任。2020 年 2 月 24 日，交通运输部对《国内水路运输管理规定》的进行了大量详细的修改，却依然忽略了刑事责任的追究，连指向性的条款都没有。

第八是 1983 年《中华人民共和国海洋环境保护法》（以下简称《海环法》）。该法第九十一条规定："对造成重大海洋环境污染事故，致使公私财产遭受重大损失或者人身伤亡严重后果的，依法追究刑事责任。"第九十四条同样宣示性地表明了对环境监管人员渎职犯罪的态度："海洋环境监督管理人员滥用职权、玩忽职守、徇私舞弊，造成海洋环境污染损害的，依法给予行政处分；构成犯罪的，依法追究刑事责任。"此后，该法历经了多次修改。2016 年 11 月 7 日，全国人民代表大会常务委员会关于修改《中华人民共和国海洋环境保护法》的决定中，将第九十一条改为第九十条，修改为："对违反本法规定，造成海洋环境污染事故的单位，除依法承担赔偿责任外，由依照本法规定行使海洋环境监督管理权的部门依照本条第二款的规定处以罚款；对直接负责的主管人员和其他直接责任人员可以处上一年度从本单位取得收入百分之五十以下的罚款；直接负责的主管人员和其他直接责任人员属于国家工作人员的，依法给予处分。对造成一般或者较大海洋环境污染事故的，按照直接损失的百分之二十计算罚款；对造成重大或者特大海洋环境污染事故的，按照直接损失的百分之三十计算罚款。对严重污染海洋环境、破坏海洋生态，构成犯罪的，依法追究刑事责任。"第九十四条变更为第九十三条，条文内容没有变化。

第九是 1990 年《防治海岸工程建设项目污染损害海洋环境管理条例》。该条例第三十一条规定了渎职犯罪的刑事责任条款："环境保护行政主管部门工作人员滥用职权、玩忽职守、徇私舞弊的，由其所在单位或者上级主管机关给予行政处分；构成犯罪的，依法追究刑事责任。"2007 年 9 月 25 日《国务院关于修改〈中华人民共和国防治海岸工程建设项目污染损害海洋环境管理条例〉的决定》和 2017 年 3 月 1 日《国务院关于修改和废止部分行政法规的决定》，对《中华人民共和国防治海岸工程建设项目污染损害海洋环境管理条例》进行了两次修订，涉及犯罪与刑事责任部分，同样没有改变。

第十是 2004 年《中华人民共和国港口法》。该法第五十一条规定："港口经营人违反本法第三十二条关于安全生产的规定的，由港口行政管理部门或者其他依法负有安全生产监督管理职责的部门依法给予处罚；情节严重的，由港口行政管理部门吊销港口经营许可证，并对其主要负责人依法给予处分；构成犯罪的，依法追究刑事责任。"第五十五条规定："未经依法批准在港口进行可能危及港口安全的采掘、爆破等活动的，向港口水域倾倒泥土、砂石的，由港口行政管理部门责令停止违法行为，限期消除因此造成的安全隐患；逾期不消除的，强制消除，因此发生的费用由违法行为人承担；处五千元以上五万元以下罚款；依照有关水上交通安全的法律、行政法规的规定由海事管理机构处罚的，依照其规定；构成犯罪的，依法追究刑事责任。"第五十六条同样宣示性地规定了渎职犯罪的刑事责任："交通主管部门、港口行政管理部门、海事管理机构等不依法履行职责，有下列行为之一的，对直接负责的主管人员和其他直接责任人员依法给予行政处分；构成犯罪的，依法追究刑事责任：（一）违法批准建设港口设施使用港口岸线、违法批准建设港口危险货物作业场所或者实施卫生除害处理的专用场所，或者违法批准船舶载运危险货物进出港口、违法批准在港口内进行危险货物的装卸、过驳作业的；（二）对不符合法定条件的申请人给予港口经营许可或者港口理货业务经营许可的；（三）发现取得经营许可的港口经营人、港口理货业务经营人不再具备法定许可条件而不及时吊销许可证的；（四）不依法履行监督检查职责，对违反港口规划建设港口、码头或者其他港口设施的行为，未经依法许可从事港口经营、港口理货业务的行为，不遵守安全生产管理规定的行为，危及港口作业安全的行为，以及其他违反本法规定的行为，不依法予以查处的。"

第十一是 2006 年《防治海洋工程建设项目污染损害海洋环境管理条例》。该条例第五十条规定："建设单位违反本条例规定，在围填海工程中使用的填充材料不符合有关环境保护标准的，由县级以上人民政府海洋主管部门责令限期改正；逾期不改正的，责令停止建设、运行，并处 5 万元以上 20 万元以下的罚款；造成海洋环境污染事故，直接负责的主管人员和其他直接责任人员构成犯罪的，依法追究刑事责任。"第五十三条规定："海洋油气矿产资源勘探开发单位违反本条例规定向海洋排放含油污水，或者将塑料制品、残油、废油、油基泥浆、含油垃圾和其他有毒有害残液残渣直接排放或者弃置入海的，由国家海洋主管部门或者其派出机构责令限期清理，并处2万元以上20万元以下的罚款；逾期未清理的，国家海洋主管部门或者其派出机构可以指定有相应资质的单位代为清理，所需费用由海洋油气矿产资源勘探开发单位承担；造成海洋环境污染事故，直接负责的主管人员和其他直接责任人员构成犯罪的，依法追究刑事责任。"第五十六条规定："违反本条例规定，造成海洋环境污染损害的，责任者应当排除危害，赔偿损失。完全由于第三者的故意或者过失造成海洋环境污染损害的，由第三者排除危害，承担赔偿责任。违反本条例规定，造成海洋环境污染事故，直接负责的主管人员和其他直接责任人员构成犯罪的，依法追究刑事责任。"第五十七条规定："海洋主管部门的工作人员违反本条例规定，有下列情形之一的，依法给予行政处分；构成犯罪的，依法追究刑事责任：（一）未按规定核准海洋工程环境影响报告书的；（二）未按规定验收环境保护设施的；（三）未按规定对海洋环境污染事故进行报告和调查处理的；（四）未按规定征收排污费的；（五）未按规定进行监督检查的。"

第十二是2006年《中华人民共和国防治船舶污染内河水域环境管理规定》。该条例中涉及的刑事责任条款仅有两条，分别是第五十五条："船舶和相关单位、人员有其他违反本规定行为的，由海事管理机构根据《中华人民共和国内河海事行政处罚规定》等规定给予相应的处罚。涉嫌构成犯罪的，依法移送国家司法机关。"第五十六条："海事管理机构行政执法人员滥用职权、玩忽职守、徇私舞弊、违法失职的，依法给予行政处分；构成犯罪的，依法追究刑事责任。"

第十三是1984年《中华人民共和国水污染防治法》。涉及刑事责任的部分规定在第四十三条中："违反本法规定，造成重大水污染事故，导致公私财产重大损失或者人身伤亡的严重后果的，对有关责任人员可以比照刑法第一百一十五条或者第一百八十七条的规定，追究刑事责任。"可见，该法第四十三条较为详细地规定了水污染事故涉嫌犯罪的刑事责任追责内容。1996年5月15日，全国人民代表大会常务委员会关于修改《中华人民共和国水污染防治法》的决定中，将原第四十三条改为第五十七条，内容不变。新增了第五十八条关于渎职犯罪的规定："环境保护监督管理人员和其他有关国家工作人员滥用职权、玩忽职守、徇私舞弊的，由其所在单位或者上级主管机关给予行政处分；构成犯罪的，依法追究刑事责任。"2008年2月28日，全国人民代表大会常务委员会关于修改《中华人民共和国水污染防治法》的决定，规定刑事责任条款的只有第九十条的象征性条款："违反本法规定，构成违反治安管理行为的，依法给予治安管理处罚；构成犯罪的，依法追究刑事责任。"2017年6月27日，全国人民代表大会常务委员会关于修改《中华人民共和国水污染防治法》的决定，将第九十条改为第一百零一条，修改为："违反本法规定，构成犯罪的，依法追究刑事责任。"该法在其修订过程中，整部法律内容愈发详细、具体和规范。但是，遗憾的是，有关刑事责任的部分，却是从详细到简单，从具有可操作性的实质性规定到流于形式的一笔带过。这种倒退式变化，实在令人唏嘘。

此外，还有一些与水上交通有关的行政法规，这里不再赘述。遗憾的是，1983年《防止船舶污染海域管理条例》、1983年《中华人民共和国海洋石油勘探开发环境保护管理条例》、2015年《中华人民共和国海上海事行政处罚规定》[①]以及2012年《中华人民共和国海上船舶污染事故调查处理规定》[②]等重要的行政法律规范中至今仍然没有规定刑事责任条款。

通过对上述水上交通领域相关行政法律规范的梳理，可以发现，大部分行政法律法规中都存在刑事责任条款。然而，非常遗憾的是，这些刑事责任条款大都只是宣示性的存在，并没有对于基本罪状和法定刑的具体描述，一句话宣示性追究刑事责任几乎成了我国行政法律规范统一的做法。这不仅使得人们对于这些非刑事法律规范中刑事责任条款的认识并不深刻，法律本身的预防和教育功能被弱化，在实践操作层面也相当困难。这样的立法方式，不仅反映了我国当前行政犯立法模式的弊端，也反映出行政法立法者宽纵犯罪行为、行政法垄断规制的心理特点。如此一来，水上交通失去了刑法应有的有效规制，必然不利于维护水上安全与秩序。

---

① 该法经过多次修改，最新版为2019年6月1日起施行的修订版。
② 该法经过修改，最新版为2013年12月24日起施行的修订版。

第四章

水上交通犯罪刑事责任的认定——不典型行政犯

在水上交通犯罪中，不典型行政犯主要以危害水上公共交通安全类犯罪为主，其客观表现常常是发生了严重事故。这些事故的发生经常伴随着人员伤亡、失踪和财产遭受巨大损失，在社会危害性以及反伦理性程度上都非常接近刑事犯，甚至个别情况下其社会危害性和反伦理性程度还高于刑事犯。因此，按照这类犯罪的客观表现我们将其归纳在不典型行政犯中。在水上交通不典型行政犯中，较为常见的事故类犯罪多以交通肇事罪、重大责任事故罪或者强令违章冒险作业罪等罪名定罪处罚，因此，深入研究这几个罪名的认定具有重要意义。

第一节 交通肇事罪

交通肇事行为无论在陆路交通还是水陆交通中，都是高发性的违法犯罪行为。在以船舶为主要交通工具的水上运输中，交通肇事行为也比较常见。但是，由于船舶驾驶的复杂性和水路交通运输规则的特殊性使然，交通肇事罪在水上交通肇事涉嫌犯罪追究刑事责任的过程中常常因为难以认定而导致违法行为很难得到刑法的有效规制，船员的法律责任意识也相对弱化，不利于我国水上交通安全与秩序的保障。明确交通肇事罪的构成，准确把握罪名的认定，无论是对于船员刑事责任风险防范意识的提高，还是对于司法实践的指导，都具有重要的现实意义。

一 交通肇事罪的构成

交通肇事罪，是指因违反道路交通管理法规而发生重大的交通事故，致人重伤、死亡或者致使公共财产或者他人财产遭受重大损失的行为。交通肇事罪是过失危害公共安全类犯罪的一种，其构成要件主要包括以下四个方面：

第一，犯罪客体。本罪的客体是交通运输安全。这里的"交通运输"是指航空、铁路运输以外的公路交通运输和水路交通运输，即"公共交通管理范围"内的交通运输。如果在公共交通管理运输的范围之外驾驶机动车辆或者使用其他交通工具致人伤亡或者导致公私财产遭受重大损失构成犯罪的，应当分别依照《刑法》第一百三十四条、第一百三十五条、第二百三十三条等相关规定定罪处罚。而对于航空人员在航空运输中发生重大事故构成犯罪的，以及铁路运输人员在铁路运营过程中发生重大事故构成犯罪的，则按重大飞行事故罪、铁路运营安全事故罪的相关条款分别定罪处罚。

第二，犯罪客观方面。本罪的客观方面，主要表现为行为人违反了交通运输管理方面的法规，因而发生重大事故，致人重伤、死亡或者使公私财产遭受重大损失的行为。

首先，必须是在交通运输的过程当中，出现了违反交通运输管理方面的法规的行为，这是导致交通肇事发生的原因，这也是本罪构成的前提条件。所谓交通运输管理法规，是指国家交通运输主管部门为了保障公路、水路交通运输的安全而作出的各种行政规定，包括交通规则、操作规程、劳动纪律等等。如《中华人民共和国海上交通安全法》《中华人民共和国内河交通安全管理条例》《内河避碰规则》《航海避碰规则》《渡口守则》等。在现实生活中，违反交通运输管理法规的行为主要是以下几种：违反劳动纪律或行业规定的操作规程，玩忽职守或擅离职守、违章指挥、违章作业，或者违章行驶等违反规章制度的行为。这些行为既可以是作为的方式，也可表现为不作为。作为的方式主要有超速驾驶、超载行车、强行超车、船只强行横越、不按照国际避碰规则避让、超速抢档、在有碍航行处锚泊或停靠等；而不作为的方式主要有通过交叉道口不鸣笛示警、夜间航行不开照明灯、岔路口不减速等等。

其次，行为人的违章行为还必须造成重大的交通事故，导致人员重伤、死亡或者导致公私财产遭受重大损失的后果，即违反交通运输管理法规的行为必须与造成的严重后果之间具有因果关系。即使违反交通运输管理法规的行为，但是并没有造成上述严重后果，或者是虽然发生了严重后果，但并不是由于行为人的违章行为引起的，都不构成本罪。同时，上述交通事故必须发生在公共交通管理的范围内。从空间范围来看，事故必须发生在公路、铁路、城镇道路和水中航道上；从时间范围来看，事故必须是正在进行中的交通运输活动。如果不是发生在以上空间、时间范围内，而是在工厂、林场、矿山、企业事业单位、建筑工地、院落内作业，或者从事的是交通运输以外的其他活动，如检修、清洗车辆等，一般不符合本罪的构成要件。如果发生在公共交通管理的范围以外，驾驶机动的交通工具或者使用其他交通工具导致人员伤亡或者导致公私财产遭受重大损失并且符合犯罪构成要件的，则应当分别依照刑法第一百三十四条重大责任事故罪、第一百三十五条重大劳动安全事故罪或者第二百三十三条过失致人死亡罪等规定论处。然而，对于那些使用非机动车（如自行车、畜力车等）进行交通运输活动并且违章驾驶造成人员伤亡、财产重大损失的，是否构成交通肇事罪，在理论界存有争议。本书认为，虽然驾驶非机动车在一般情况下造成的都是个别人员重伤、死亡的情况或者导致的财产损失比较少，但并不能因此就否认这种行为对公共安全的危害性，因为在现实生活中许多城镇交通事故的发生都直接或者间接与非机动车违章行车行为有关。因而对于驾驶非机动车的人员的违章肇事行为造成严重后果的，也应当以交通肇事罪论处。

第三，犯罪主体。本罪的主体是一般主体，在司法实践中，主要是从事交通运输的人员。所谓交通运输人员，是指具体从事公路交通运输和水路交通运输业务的人员，以及同保障交通运输安全有直接关系的人员，包括具体操纵交通运输工具的驾驶人员、交通设备的操纵人员、交通运输活动的直接领导和指挥人员（如调度员、领航员、船长、机长）以及交通运输安全的管理人员（如交通警察）等。应当注意的是，对于本罪的主体不能简单的理解为在从事交通运输工作的一切人员，也不能仅限定在火车、汽车、电车、船只、航空器等交通工具的驾车人员范围内，而应理解为一切直接从事交通运输业务以及同保障交通运输安全有直接关系的人员，那些并没有从事交通运输的工作人员也可以成为本罪的主体。2000年11月10日最高人民法院《关于审理交通肇事刑事案件具体应用法律若干问题的解释》（以下简称2000年《交通肇事解释》）第一条规定："从事交通运输人员或者非交通运输人员，违反交通运输管理法规发生重大交通事故，在分清事故责任的基础上，对于构成犯罪的，依照刑法第一百三十三条的规定定罪处罚。"所谓非交通运输人员，是指除交通运输人员以

第四章 水上交通犯罪刑事责任的认定——不典型行政犯

外的一切人员。但这一概念应当受到特定领域的限制。在公路和水路交通运输领域，不论行为人是否属于交通运输人员，只要其在交通运输过程中发生违反交通运输管理法规造成重大事故，并由此导致人员重伤、死亡或者公私财产遭受重大损失的行为，就应当以本罪论处。在航空运输和铁路运营过程中，一般主体违反有关规定导致重大事故造成人员伤亡或者公私财产遭受重大损失，构成犯罪的，以本罪论处；而属于航空人员和铁路职工的交通运输人员在违反有关规定造成重大事故构成犯罪时，就只能以重大飞行事故罪或者铁路运营安全事故罪论处。

此外，2000年《交通肇事解释》第五条第二款规定："交通肇事后，单位主管人员、机动车辆所有人、承包人或者乘车人指使肇事人逃逸，致使被害人因得不到救助而死亡的，以交通肇事罪的共犯论处。"第七条规定："单位主管人员、机动车辆所有人或者机动车辆承包人指使、强令他人违章驾驶造成重大交通事故，具有本解释第二条（构成交通肇事罪规定——引者注）规定情形之一的，以交通肇事罪定罪处罚。"可见，上述人员即使肇事时不在现场，也可能构成本罪。

第四，犯罪主观方面。本罪的主观方面是过失，分为疏忽大意的过失和过于自信的过失，是指行为人对于自己违反交通运输管理法规的行为导致的严重后果应当预见，由于疏忽大意而没有预见，或者虽然已经预见，但轻信能够避免的心理态度。这里的过失，仅指行为人对其行为所造成的严重后果的心理态度而言，实践中疏忽大意的过失较多。至于对违反交通运输管理法规本身，则可能是明知故犯。

我国《刑法》一百三十三条规定："违反交通运输管理法规，因而发生重大事故，致人重伤、死亡或者使公私财产遭受重大损失的，处三年以下有期徒刑或者拘役；交通运输肇事后逃逸或者有其他特别恶劣情节的，处三年以上七年以下有期徒刑；因逃逸致人死亡的，处七年以上有期徒刑。"2000年《交通肇事解释》第二条详细规定了交通肇事罪的起刑点及定罪量刑情节："交通肇事具有下列情形之一的，处三年以下有期徒刑或者拘役：（一）死亡一人或者重伤三人以上，负事故全部或者主要责任的；（二）死亡三人以上，负事故同等责任的；（三）造成公共财产或者他人财产直接损失，负事故全部或者主要责任，无能力赔偿数额在三十万元以上的。交通肇事致一人以上重伤，负事故全部或者主要责任，并具有下列情形之一的，以交通肇事罪定罪处罚：（一）酒后、吸食毒品后驾驶机动车辆的;(二)无驾驶资格驾驶机动车辆的;(三)明知是安全装置不全或者安全机件失灵的机动车辆而驾驶的;(四)明知是无牌证或者已报废的机动车辆而驾驶的;(五)严重超载驾驶的;(六)为逃避法律追究逃离事故现场的。"该解释的第四条更加细化的规定了交通肇事罪的法定升格刑:交通肇事具有下列情形之一的,属于"有其他特别恶劣情节",处三年以上七年以下有期徒刑:(一)死亡二人以上或者重伤五人以上,负事故全部或者主要责任的;(二)死亡六人以上,负事故同等责任的;(三)造成公共财产或者他人财产直接损失,负事故全部或者主要责任,无能力赔偿数额在六十万元以上的。同时第九条又规定"各省、自治区、直辖市高级人民法院可以根据本地实际情况,在三十万元至六十万元、六十万元至一百万元的幅度内,确定本地区执行本解释第二条第一款第(三)项、第四条第(三)项的起点数额标准,并报最高人民法院备案。"2010年9月13日最高人民法院《人民法院量刑指导意见(试行)》中就交通肇事罪的具体量刑进行了规范,指导意见如下:"1.构成交通肇事罪的,可以根据下列不同情形在相应的幅度内确定量刑起点:(1)导致人员重伤、死亡或者公私财产遭受重大损失的,可以在六个月至二年有期徒刑幅度内确定量刑起点;(2)交通肇事后逃逸或者具有其他特别恶劣情节的,可以在三年至四年有期徒刑幅度内确定量刑起点;(3)因逃逸致一人死亡的,可以在七年至八年有期徒刑幅度内确定量刑起点。2.在量刑起点的基础上,可以根据责任程度、致人重伤、死亡的人数或者财产损失的数额以及逃逸等其他影响犯罪构成的犯罪事实增加刑罚量,确定基准刑。"

二 水上交通肇事逃逸的认定

水上交通肇事逃逸是指船舶知道或应当知道已经发生水上交通事故,为逃避法律责任,而擅自驶离事发现场的行为。实践中,船舶肇事逃逸比较常见,后果也往往比较严重。几乎每起水上交通肇事都有着极大的逃逸可能性,且船舶肇事逃逸致人死亡的概率远远大于陆上交通肇事逃逸,不仅危及水上人命安全,不利于海难救助,还严重破坏了航运秩序,已然成为困扰海事部门和公安机关执法的重大难题。被撞船舶因碰撞后沉船,周围只是汪洋大海,基本没有可供求助的船舶,肇事逃逸不仅延误了对受害人实施救援的时机,危及水上人命安全,对于社会公众道德情感也是莫大伤害。或者说，肇事者的逃逸基本上等同于给受害者判了死刑。在水上交通事故中，由于水域面积相对较广，特别是在夜间航行或海上航行过程中，政府监控与民众监督鞭长莫及，逃逸事故远远多于陆地。据长江航运局所掌握，在长江沿线每年肇事逃逸案件高达80多起。[①] 2002年4月18日凌晨，"四通888号"货船在由佛山开往江阴的途中经过大鹏湾水域时，与"通宁3号"货船相撞。经调查，事故是由于"通宁3号"和"四通888号"没有遵守《国际海上避碰规则》造成的。其中，"通宁3号"作为追越船，没有主动及时采取避让行动。事故发生后，"四通888号"船员向其请求救援，"通宁3号"未实施救援肇事后逃逸。事故造成"四通888号"货船沉没，5人失踪。广州海事法院对该事故出具了民事裁定书，判定"通宁3号"对承担主要责任，"四通888号"承担次要责任。2003年1月29日，广州市海珠区人民法院以交通肇事罪分别判处"通宁3号"船长黄德章、大副林载访有期徒刑7年、8年。"4·18"作为号称全国海事系统第一宗成功移交司法机关处理的海事"肇事逃逸"案件，开创了我国的先例，为今后处理类似案件提供了宝贵的经验。

陆地车辆肇事逃逸是为了逃避法律责任、躲避受害人当场报复，那么，肇事船舶逃逸的原因也不外乎这两项，只不过比起陆地车辆，肇事逃逸船舶逃避法律追究的机会更大。在水上船舶肇事中，通常失踪人数往往比死亡人数还要多，不找尸体或找不到尸体便意味着没有人员死亡的证据，对逃逸者更为有利，这便从规避法律的角度给了肇事者逃逸的理由。一方面，由于水上的交通运输远比陆上的交通运输复杂得多，水上交通运输受气候、航道等自然因素的制约较大，船舶驾驶的复杂性又远远超过了陆路上的汽车驾驶，因而发生违法行为导致水上交通事故涉嫌犯罪时，证据的提取和固定就显得极为重要。另一方面，水上交通肇事取证困难是案件侦查环节的一大障碍。以水上为案发环境的刑事案件中，特别是海上犯罪案件，由于海域环境的流动性、不封闭性以及易受气候变化影响等复杂的特点，使得海上证据的取得极为困难，波浪、水流、潮汐、气候，甚至船舶、季节变化，都会影响到证据的收集。我国目前的证据规则和整个证据的收集、保全等立法也存在很多问题，水上证据获取的难度远远大于陆地。船舶碰撞事故发生后，水面上很难保留

---

① 数据来源于"水上交通犯罪典型刑事案件研究"课题组的实地调研。

事故痕迹，事故导致的沉船也会随时因水流原因而发生位移，打捞沉船也会破坏现场痕迹。除了水域环境的复杂多变，相关当事人的不配合也会增加水上交通涉嫌犯罪案件的侦查难度，刑事责任认定困难重重。同道路交通相比较，水域范围更为开阔，船舶数量较之道路机动车数量相对较少，因而船舶交通肇事逃逸案件被人目睹的可能性要小得多，社会监控鞭长莫及。即使有目击者存在，当执法工作人员赶到现场时，目击者很可能已经不知所踪。此外，船员群体责任扩散的心理使然，科学严谨的操船规范被驾驶船舶人员的不良习惯及侥幸心理所蚕食，形成破坏性的潜规则，一步步使船舶发生碰撞从偶然走向必然，最终造成巨大的人身和财产损失，此类原因、此类严重后果应当引起航海者的警示。[1] 肇事者为了逃避、开脱罪责往往私下统一口径，强调离开犯罪现场是因为海上能见度差、疏忽瞭望，主观上不知道发生了交通肇事或是正在准备报警等等。这是目前海事执法机关及侦查机关在判断肇事者是否构成故意逃逸是面临的又一困难。这些因素都助长了船员的逃逸动机，成为肇事逃逸者逃避法律责任的避风港。

（一）水上交通肇事逃逸认定困难的实证分析

1. 水上交通肇事逃逸在法律规范层面的困境

"逃逸"，是指一种为逃避法律责任有意脱离事故现场的行为。《水上交通肇事逃逸案件调查处理规定》（2011）第二条规定，水上交通肇事逃逸是指船舶明知或应当知道已发生水上交通事故，为逃避法律责任，而擅自驶离事发现场的行为。虽然 1983 年《中华人民共和国海上交通安全法》（2016 修正）第三十七条[2]、2002 年《中华人民共和国内河交通安全管理条例》（2017 年修正）第四十六条都明确要求发生碰撞事故的船舶在不严重危及自身安全的情况下，不得逃逸。但是，上述条文并没有规定逃逸的认定标准，所以实践中，司法机关都是参照《水上交通肇事逃逸案件调查处理规定》，从明知或应知的角度，对肇事船舶进行主观上的判定。这就需要多方搜集证据，以证明当事人是在明知或应知事故的情况下发生

---

[1] 秦臻、徐伯民：《海上船舶碰撞事故原因探讨——不良习惯的剖析》，《中国航海》2008 年第 4 期。

[2] 发生碰撞事故的船舶、设施，应当互通名称、国籍和登记港，并尽一切可能救助遇难人员。在不严重危及自身安全的情况下，当事船舶不得擅自离开事故现场。

了逃逸的行为，否则就难以追究肇事逃逸者的刑事责任。

现行法律规范对于"逃逸"客观方面的规定也过于笼统，仅以"逃跑""擅自离开事故现场"一言概之。《最高人民法院关于审理交通肇事刑事案件具体应用法律若干问题的解释》第三条对于交通肇事逃逸的含义给出了明确的解释："交通运输肇事后逃逸"，是指行为人具有本解释第二条第一款规定和第二款第（一）至（五）项规定的情形之一，在发生交通事故后，为逃避法律追究而逃跑的行为。① 如此规定，适用于陆上交通事故没有问题，但适用于水上交通事故就会给海事管理机构带来诸多难题。现行水上交通管理法规规定，水上交通事故发生后当事船舶有立即向事故发生地海事管理机构报告的义务和在不危及自身安全的情况下积极救助的义务。然而，相关法规却没有对船舶肇事后当事人不报告、不救助的行为在法律上进行明确的定性，仅以行政处罚的方式进行了否定性评价，并没有作为逃逸的危害行为给予刑法意义上的定位。因此，目前逃逸的危害行为仅限定为船舶擅自驶离事发现场，无法有效的规制肇事船舶的行为。

虽然《中华人民共和国海上交通安全法》第四十七条、《内河交通安全管理条例》第八十三条、2011年《水上交通肇事逃逸案件调查处理规定》第十四条均规定了违反行政管理法规，涉嫌构成犯罪的，要移交司法机关处理，但是由于海事管理机关对肇事案件是否构成犯罪难以确定，而司法机关缺少对海上肇事案件专业知识的了解，同时现行的海上行政执法

---

① 《最高人民法院关于审理交通肇事刑事案件具体应用法律若干问题的解释》第二条　交通肇事具有下列情形之一的，处三年以下有期徒刑或者拘役：

（一）死亡一人或者重伤三人以上，负事故全部或者主要责任的；

（二）死亡三人以上，负事故同等责任的；

（三）造成公共财产或者他人财产直接损失，负事故全部或者主要责任，无能力赔偿数额在三十万元以上的。

交通肇事致一人以上重伤，负事故全部或者主要责任，并具有下列情形之一的，以交通肇事罪定罪处罚：

（一）酒后、吸食毒品后驾驶机动车辆的；

（二）无驾驶资格驾驶机动车辆的；

（三）明知是安全装置不全或者安全机件失灵的机动车辆而驾驶的；

（四）明知是无牌证或者已报废的机动车辆而驾驶的；

（五）严重超载驾驶的。

和刑事司法之间缺乏畅通的衔接机制，因此，在实践中该条款的内容往往难以实现。所以，在立法上明确"逃逸"的概念及构成要件，准确认定"逃逸"，既有利于水上交通事故调查的顺利展开，打击船舶肇事逃逸的违法犯罪行为，对于保障船舶、设施和人命财产的安全、维护国家权益也具有重要意义。

2. 事故调查证据体系未建立

证据体系亦称证明体系，是指以证明违法事实为导向，将查证属实的证据，根据证明作用的大小和证明对象的特征进行合理有效配置，构建一个主次分明、井然有序的有机整体。在司法实践中，证据体系的构建，必须掌握一定的策略和技巧。水上交通肇事逃逸认定的证据体系主要反应在《水上交通肇事逃逸案件调查处理规定》的相关法条中：

第十条 对涉嫌肇事船舶的调查取证的内容包括但不限于：

（1）对船体外壳进行勘查，检查是否有新的撞击、擦碰痕迹或残留的木屑、油漆和油污等，并进行拍照、记录和物证采集。

（2）查看船上的原始记录，如航海日志、轮机日志、航向记录、海图、VDR 等，核实船舶事发时是否驶经事发水域。

（3）对事故发生时段值班船员进行查询，以了解船舶在事故发生时段的动态以及船员在航行中听到、看到或感觉到的各种可疑情况。

（4）对于出现的各种异常现象，如第一款所述的各种情形、刷新漆或新漆覆盖旧漆现象、原始记录被涂改、被查询人员的回避、掩饰行为等，应要求有关人员作出合理的解释。

根据调查取证需要，还可对航经事发水域的其他船舶、现场目击证人、VTS 和 CCTV 监控部门等相关人员进行查询，以获取更多的信息。

第十二条 调查取证完毕，肇事证据充分确凿的，可以直接认定肇事船舶。负责调查的海事管理机构应及时做出肇事船舶的认定，并出具《水上交通肇事船舶认定书》。认定肇事船舶应综合考虑以下因素：

（1）涉嫌肇事船舶当事人承认肇事事实；

（2）涉嫌肇事船舶特征（如船名，船体颜色，船舶种类等）与现场目击者提供的证据吻合；

（3）涉嫌肇事船舶船体外壳留有新的碰撞痕迹，且船长对新的碰撞痕迹无法解释或解释不合理；

（4）涉及涉嫌肇事船舶的 VTS、AIS、VDR 等记录的信息与事故报告

的时间、地点等信息吻合,并有航行异常操作;

(5) 从涉嫌肇事船舶船体外壳的碰撞痕迹上取下的外来油漆与被碰撞船舶的油漆,经化验对比鉴定理化指标基本吻合;

(6) 其他与事故有关的证据。

第十三条 对已认定的肇事船舶,除依照《海上交通事故调查处理条例》或《内河交通事故调查处理规定》查明事故发生原因外,还应对是否属于肇事逃逸行为进行调查。在调查是否属于肇事逃逸行为时,应综合考虑事发时的通航环境、船员的良好船艺及船舶技术参数等要素,同时全面分析以下证据:

(1) 船舶法定记录无故被篡改或毁灭;

(2) 肇事船舶船长、值班驾驶员隐瞒事实真相、提供虚假证据或销毁证据;

(3) 肇事船舶无正当理由拒绝海事管理机构的停航指令或到指定水域接受调查的指令;

(4) 肇事船舶船员证明船长或当班驾驶人员明知发生碰撞事故而仍然驶离事故现场;

(5) 肇事船舶当事人承认肇事逃逸事实;

(6) 肇事船舶在肇事后突然关闭 AIS、VDR 等设备,而无法做出合理解释;

(7) 其他证据表明肇事船舶船长或当班驾驶人员明知发生碰撞事故而仍然驶离事故现场;

(8) 专家组意见。

然而,该证据体系在实践中操作性比较差,在没有得到肇事船员亲口承认的时候,并不能据此形成完整的证据链还原碰撞逃逸的事实,追究相关责任人的法律责任。究其原因,主要是事故发生后,证据多掌握在肇事逃逸者手里,证据被毁灭、伪造的情况比较多,导致事故调查部门难以取证或者根本找不到相应的证据。

3. 主观"明知"难以认定

刑法层面的"明知",分为总则的"明知"和分则的"明知"。总则部分的认识程度体现为《刑法》第十四条中的"明知可能"与"明知必然",应当强调的是:"明知可能"与"明知必然"的界定对象仅仅涉及行为结果,行为结果以外的认识因素并不属于认识程度的论证主体。而《刑法》分则中的认知要素往往局限于特定事项的特定明知①。换言之，《刑法》总则中的"明知"反映行为人在行为发生前或者发生时的主观态度，即"知道（会或可能会）"意思；分则中的"明知"则反映行为人在行为发生时的主观态度，指"知道（是或可能是）"和"推定知道"。总则中的"明知"主要是指从行为人自身角度来考虑的主观认识，而分则中时"明知"主要是指从他人的角度来考虑的，对行为人主观认识的一种判断和分析。水上交通肇事逃逸中的"明知"属于分则中的明知，明知的主体是行为人，"明知"的内容，是指知道或者应当知道发生了船舶碰撞事故，"明知"的标准是"知道（是或可能是）"和"推定知道"，而"明知"的判断主要是指从他人的角度来考虑的，对行为人主观认识的一种判断和分析。

在船舶肇事逃逸的场合，对当事船员的询问笔录等主观证据占据着极其重要的地位，而事故发生到肇事船舶被海事部门查获经常时隔多日，当事船员往往已经形成攻守同盟，坚称"不知道发生了事故"。在这种情况下，如果没有其他确凿的证据支持，执法部门是很难对这一行为进行认定。其次，由于水上交通的特殊性和水上交通环境的复杂性，也确实存在着肇事船不知道发生事故的现象。有些是因为不同的驾驶员驾驶经验不同或者雷达的盲区，有些是肇事船与遇难船的船舶吨位差距极大，事故发生后，大船上的当事船员很难有碰撞的感觉。② 目前，依据现行的法律规定和操作规范还没有比较合理的方法来证明当事人是在主观知情的情况下逃离现场的，所以认定肇事船是否属故意逃逸是非常困难的。

实践中，行为人归案后往往以自己并不明知发生船舶事故为由，为自己开脱辩解，意图逃脱法律的惩处。这也是海事管理机关难以认定船舶肇事逃逸的主要症结所在。行为人主观明知的认定具体该如何把握？在肇事船舶对其主观明知不供述或予以否认的情形下，就需要我们准确界定明知的范畴以及认定主观明知的科学方法。

---

① 司法解释进一步对分则条文中的"特定明知"事项进行解释，并列举具体的"推定明知"情形。以洗钱罪为例，最高人民法院于2009年发布了《关于审理洗钱等刑事案件具体应用法律若干问题的解释》，在解释中明确六项可以推定"明知"的情形，针对设定的情形，除非被告人及其辩护人可以提出充分的证据以证明其的确不知之外，均可以认定行为人对犯罪所得及其收益具备刑法意义上的"明知"，即将"证明责任"转移给行为人本人。从该司法解释中可以探寻出最高院的观点："明知"不仅仅指确实知道，还应当包括可能性认识在内。

② 周俊：《从法律上处理船舶肇事逃逸行为的难点分析》，《中国海事》2010年10月。

4. 举证责任的分配不利于海上救援

举证责任，指证明主体就其诉讼主张承担的提供证据的责任，当其没有提供证据或所提供的证据不足以证明其诉讼主张时，要承受其诉讼主张不被裁判者采纳的风险。我国的刑事诉讼中的举证责任应由公安机关、人民检察院、自诉人承担举证责任，被告人一般不承担举证责任。在审判中，公诉方要向法庭提供充分的证据证明其指控的犯罪事实，而且其证明要达到法定的标准。被告人在审判中可以举出证据证明自己无罪或罪轻。但是，这属于法律赋予被告人的辩护权，是权利，不是义务或责任。被告人可以依法行使辩护权，也可以不行使辩护权，而且不能仅仅因为其不行使辩护权就得到对其不利的事实认定或判决后果。换言之，被告人可以不向法庭提供任何证据，仅对公诉方提出的证据进行质疑，就是完成了辩护的任务。被告人甚至可以不做任何辩护，法庭也不能因此就做出对被告人不利的判决。因为被告人既没有义务向法庭证明自己有罪，也没有义务向法庭证明自己无罪。但是被告人不承担举证责任也有例外情况。如在我国的刑事诉讼中，自诉案件的被告人如果提出了反诉，这时被告方就得承担对自己的所提出的事实和主张承担举证责任。公诉案件对于被国家机关指控犯有巨额财产来源不明罪（刑法典第三百九十五条第一款的规定）的被告人就得承担对其明显超过合法收入的财产部分担举证责任。这种由推定财产来源不合法所确立的举证责任倒置，是基于应对国家工作人员职务犯罪的特殊需要，是在对这类犯罪确实难以证实的情况下权衡利弊做出的合理选择。① 在巨额财产来源不明罪这种案件中，司法机关应首先以确实、充分的证据，证明被追诉人是国家工作

---

① 在我国刑法中，还规定了大量的持有型犯罪，都涉及举证责任倒置的问题。包括持有枪支、弹药罪，非法持有国家绝密、机密文件、资料、物品罪，非法持有毒品罪等。以非法持有毒品罪为例，非法持有毒品罪，是指明知是毒品而非法持有，数量较大的行为。这类案件中，公诉方首先承担举证责任，证明被告人持有特定物品，并且该物品是国家禁止个人任意持有的特定物品，使裁判者相信被告人持有行为的非法性。此时，被告人必须举证说明自己的持有行为合法。在这种情况下，被告人单纯提出证据往往并不足够，还必须进一步说明自己行为的合法性之所在，所以其承担任务繁重的举证责任和说服责任。所以，学者指出："非法持有毒品罪的创立，在司法中可以减轻公诉机关的证明责任。罪名是证明的中心，持有是现存事实状态，容易被证明，发现事实就等于证明了事实……减轻证明责任有助于增加刑罚的威慑效用。"事实上，根据持有特定物品的事实推定被告人有罪的情况，在国外刑法中也被肯定。例如，在德国，被告人贩卖毒品的犯罪事实被认定，控方同时举证说明被告人拥有同其收入明显不相称的大量财富，法官就推定其持有的财物也是贩卖毒品犯罪所得，被告人如果想免除处罚，就必须举证说明其财产不是来源于贩卖毒品。在证明倒置的情况下，被告人只是提出自己持有的物品合法，或者收入合法，而没有相应证据支持，或者没有充分说服裁判者的，裁判者完全可以直接做出对被告人不利的判决。

人员，其财产或支出明显超过合法收入，差额巨大；而犯罪嫌疑人、被告人的证明责任仅限于说明其来源是合法的，否则要承担刑事责任。

按照现行法律规定，船舶肇事逃逸的举证责任由公诉方承担，而海事管理机构首先得进行认定。囿于水上交通事故的特殊性及水域环境的复杂，很难如陆上交通事故调查一样在没有行为人口供等直接证据的情形下通过间接证据形成完整的证据体系追究行为人的刑事责任。这种现实困难加大了行为人逃避法律责任的机会，有违司法公正，不利于海上救援。

（二）水上交通肇事逃逸认定的路径

1. 明确界定水上交通肇事逃逸的概念和标准

水上交通肇事逃逸是指船舶知道或应当知道已发生水上交通事故，为逃避法律责任，在事故发生后，肇事船舶既不及时向有关主管部门报告，也不积极采取救助措施，而是擅自驶离事发现场的行为。主观方面包含两个层面。一为前提条件，即行为人知道或者应当知道发生了水上交通事故；二是行为有逃避法律责任（包括民事责任，也包括行政责任以及刑事责任）的主观动机和目的。客观方面表现为既不及时向有关主管部门报告，也不积极采取救助措施，而是擅自驶离事发现场的行为。

对照交通肇事逃逸的成立要件，我们可以看出，行为人的主观方面不仅是认定交通肇事逃逸的直接要件之一，同时对于判断行为人的客观行为具有较大影响，加之主观方面本身所具有的抽象性和复杂性，使得交通肇事逃逸的主观认定成为重中之重。一方面，行为人的陈述始终是交通肇事逃逸主观方面认定的基础和直接依据。由于主观方面反映的是行为人的主观心理，因此认定主观方面最直接的依据就是行为人本人对其心理的描述。当然，涉及对行为人的责任追究，行为人往往避重就轻，甚至撒谎抵赖，因此在听取行为人陈述过程中要注意辨别分析，哪些部分是符合事实的，哪些部分是违背常理的，哪些部分是既无法认定又无法排除的。另一方面，对行为人行为的分析是交通肇事逃逸主观认定的主要依据。行为是主观的反映，行为人的主观心理需要依靠行为来表现，这使得对行为人行为的分析能够成为交通肇事逃逸主观认定的依据；又由于行为人往往从其本身利益出发，不能对其主观心理作客观描述，因而分析行为人的行为也成为准确认定其主观方面的主要依据。

船舶肇事逃逸认定标准应当比道路机动车肇事逃逸的认定标准低，因为机动车交通肇事后受害者被救助的概率更大，而船舶肇事后不报告、不救助，驶离现场的行为对于受害方生命安全的威胁更大。降低水上交通肇事"逃逸"认定标准，既有助于预防和控制船舶肇事逃逸违法、犯罪行为，也有助于增强海难救助的船舶责任意识，提高船员安全责任意识，保障水上人命安全、维护航运秩序。

2. 推定"明知"的合理运用

犯罪明知是行为人的主观心态，是难以用证据证明的。在司法实践中，对明知的认定大都根据客观事实予以推定。明知推定对解决司法证明困难、实现法益保护和提高认定事实效率等方面意义重大。运用明知推定需遵循穷尽证明、逻辑经验、留有余地的规则与查清基础事实、充分保障反驳权利的方法。

在认定碰撞肇事逃逸船舶时，原始证据和直接证据较少，而往往是通过搜索到的间接证据认定肇事船舶，间接证据包括：肇事嫌疑船的特征；碰撞事故的时间、地点；肇事嫌疑船的触损部位和油漆样本；肇事嫌疑船在碰撞前后的航向及航速等的推算；港口船舶通航记录以及相关海区雷达站的记录等。其次，虽然认定了肇事船舶，但却很难认定"逃逸"。《水上交通肇事逃逸案件调查处理规定》第十三条①规定的证据中，除了第四、第五项肇事当事人口供属于直接证据，其余都是间接证据，而第四、第五项证据的取得又极为困难，认定行为人"明知"从而建立主观层面的证据体系已然成为执法司法部门的难题。

认定明知最有效的方式当然是行为人的口供，但当行为人拒不供认或没有其他直接证据的情况下，对明知的认定需要通过推定的方式进行。合理的推定认定"明知"相比较法律条文而言更具操作性。但"明知"推定的运用必须遵循以下基本规则与方法：（1）穷尽证明规则。探求事实真相是刑诉法的重要目的，只要能够证明的事实都应该严格证明，慎用少用不用推定规则，也就是说适用推定规则必需穷尽一切可以证明的方法的

---

① 在调查是否属于肇事逃逸行为时，应综合考虑事发时的通航环境、船员的良好船艺及船舶技术参数等要素，同时全面分析以下证据：（一）船舶法定记录无故被篡改或毁灭；（二）肇事船舶船长、值班驾驶员隐瞒事实真相、提供虚假证据或销毁证据；（三）肇事船舶无正当理由拒绝海事管理机构的停航指令或到指定水域接受调查的指令；（四）肇事船舶船员证明船长或当班驾驶人员明知发生碰撞事故而仍然驶离事故现场；（五）肇事船舶当事人承认肇事逃逸事实；（六）肇事船舶在肇事后突然关闭 AIS、VDR 等设备，而无法做出合理解释；（七）其他证据表明肇事船舶船长或当班驾驶人员明知发生碰撞事故而仍然驶离事故现场；（八）专家组意见。

最后手段。如果任由执法工作人员恣意使用推定规则，必出现侵犯犯罪嫌疑人、被告人的合法权利，其后果将不可设想。（2）遵循逻辑和经验规则。一方面，这种推定必须符合常人的认识逻辑，如果明显违反一般人认知，明显违背常识、常情和常理，推定的结论往往不可靠；另一方面，明知推定必须符合经验规则。明知推定必须是一种常态联系，必须经得起经验法则的检验，因为只有借由人们长期的生产实践检验了的事实才更具有可靠性。（3）留有余地规则。明知推定永远是有风险的，这在逻辑原理上是归纳推理，而归纳推理是一种不完全归纳，并非百分之百的准确无误。为防止出现冤假错案，留有余地规则的方法是：宁可无罪也不要有罪推定；凡是推定定罪的，都要从轻，不能重判。

同时，"明知"推定的可靠性取决于基础事实的真实性，任何推定事实，必须有充分的基础事实。只有基础事实得到了充分证明，公诉机关对相关事实的证明责任才能被免除，才能在司法中适用明知推定。一般而言，我们可以通过了解肇事船事故前后的航向和动态判断其是否是逃逸行为。肇事船事故前是否采取过避让措施，事故后是否减速停车，有无打开过探照灯，抛过救生圈，驶离现场的航向航速等。从中判断肇事船是否知道发生过碰撞事故，发现事故后是采取救助的措施还是逃逸。此外，要充分保障行为人的反驳权利。一方面，根据举证分配原理，行为人进行反驳需要提供一定的证据或线索，即承担证明责任，当行为人因反驳推定提出的证据存在调查取证困难时，执法司法机关应当依职权提供帮助；另一方面，行为人提供证据证明的标准应限于只需要达到优势证据①或产生合理怀疑即可。因此，只要肇事船舶能够提出证据证明其对于船舶肇事确实"不知"，并且该证据足以达到优势证据标准，就可以否定"明知"推定的证据效力。

---

① 优势证据规则又称为"高度盖然性占优势的证明规则"。即当证据显示待证事实存在的可能性明显大于不存在的可能性，法官可据此进行合理判断以排除疑问，在已达到能确信其存在的程度时，即使还不能完全排除存在相反的可能性，但也可以根据已有证据认定这一待证事实存在的结论。在长期的计划经济模式下，法院将国家对经济控制的作用延伸到民商诉讼，过分的注重民事案件的社会公众性效益，盲目追求过高的证明要求，使得案件事实人为复杂而难以确认，导致案件审理周期过长，诉讼效率低下，大量地浪费诉讼资源。确立了优势证据规则后，一旦证据具备袋子优势便可及时结束活动，以提高效率，形成多办案、快办案、办好案的良好机制。

3. 运用证明责任倒置推定"明知"

美国洛特斯坦因认为："确定证明责任分配的因素包括：诉讼便利性的考虑；双方当事人的举证能力；是谁打破了现存的法律状态；如果对有关争议问题没有证明，在法律上什么应当认定为真实的；一方当事人提出诉讼主张的反常性；诉讼理由是肯定性的还是否定性的；案件是否属于制定法或者一般诉讼规则的例外情形；以及诸如威慑之类的公共政策等等。这些因素都在考虑之列。"那么，立法上为何出现证明责任倒置的现象？一般来说，立法者规定证明责任倒置时考虑到的因素不外乎两点：（1）举证难易。比如说，在环境污染的侵权案件中，原告顶多只能证明自己因为环境污染而受到了损害，至于侵权人对此环境污染在主观上是否有过错？那只有被告才知道，原告往往是不得而知的，也就是说，原告同该证据的距离相隔较远。与之相反，被告对于其主观上是否有故意、重大过失，更容易提供证据来证明，比如他能够提供证据证明自己已经尽了适当注意的义务、污染源的产生是不可抗力等等。（2）保护弱者。证明责任的负担问题看上去是程序问题和证据问题，实际上却是实体权利义务的合理安排及立法政策的导向问题。对于一些现代新型的案件，如环境污染、产品责任、高度危险作业、动物饲养责任、建筑物责任、道路施工责任等案件，一方当事人往往是处于自然优势地位的公司或其他单位，而另一方当事人则是普通自然人。普通自然人因为环境污染产品质量等问题而遭受了实际损害，本身就处在需要救济的弱者地位，立法者与司法者不能在证明责任的承担及履行上加重他们的责任，否则无异于拒绝对他们实施法律保护。为了避免这种看上去公平但实际上不公平的现象发生，立法者提出了一个保护弱者的重要举措：利用证明责任充当诉讼中调节双方当事人力量的杠杆，实行证明责任倒置。

20 世纪 60 年代德国学者保勒斯（Prolss）根据社会现实生活出现的环境污染、高度危险等新问题，提出了"危险领域说"。危险领域说认为，当事人应该对其所能够控制的"危险领域"内的事实负举证责任，也即在加害人所能够控制的"危险领域"内，受害人对于损害发生的客观与主观要件均不负举证责任，而由加害人就该客观和主观要件不存在的事实举证。该说继而认为：实际上实体法已根据公平正义原则，为预防损害的发生，明文规定了危险领域内事项的举证责任——即举证责任倒置的情况。在刑事诉讼中，在特定情况下，被告方对于控方的指控认为其不成立有提出反驳和辩解的事实主张和相应的证据权利和义务。其后该学说被引入刑事诉讼中，并普遍的规定于各国的刑事法典中。我国也不例外。

在水上交通活动中，当前的监管技术并不能够实时监控每一只船舶的运行状态，因而海事管理部门的管控能力较之陆上交通管理部门中羸弱许多，就导致在船舶肇事逃逸的案件中，海事管理部门无法承担肇事逃逸者的主观过错的证明责任，举证能力不足，因而放纵了许多违法犯罪行为。其次，水上交通事故的发生，给受害者带来的是紧迫的生命安全威胁。而逃逸行为，实则是放弃了对受害者生命的挽救，无异于故意杀人。而当前的证明责任分配机制并不能有效保护因逃逸致死的受害人的权益，反而加大了肇事逃逸者逃避法律责任的概率，导致逃逸行为的发生愈加频繁，不仅不利于海难救助，也难以实现社会公平。再次，航运业属于高风险作业，可以引入适用于危险领域内的举证责任倒置规则。在证明责任的分配上，应当结合当事人举证能力、对危险领域的控制能力以及待证事实发生的盖然性等因素来考虑，向肇事逃逸船舶倾斜，由肇事方证明其主观"不明知"。肇事船舶确因对发生的水上交通事故"不知情"、离开事故现场、未向有关机构报告，由于不存在主观故意，因而不满足肇事逃逸的主观要件，对该行为应按照交通肇事处理。然而，若难以确定肇事船舶一方是否知情时，肇事方承担举证责任。肇事方无法证明其"不知情"，法律就要推定其"知情"。如此，有助于及时查明案情，维护公平正义。

最后，先进的船舶监测系统的建立对于船舶肇事逃逸的预防和控制有着重要且关键的作用。如何有效利用 AIS、VTS 及 CCTV 进行肇事逃逸船舶的认定，属于技术层面的问题，这里不做赘述。建议引进高科技的监管手段和方法，在事故多发水域建立 VTS 监控系统，并组建 AIS 岸基网络。增设雷达站，将重要航路及水域纳入 VTS 监管范围无论是对预防水上交通事故，还是对遏制肇事逃逸案件都是最行之有效的方法。

三 船员业务过失犯罪认定的特殊性

随着水上交通的不断发展，科技的不断进步，人们虽然不能完全摆脱水上复杂水文条件和气候的影响，但依托于高科技的天气预报系统、雷达探测系统和 VTS 监控系统，人们抵御危险的能力已然大大提高。科技进步对船舶驾驶精准性、便捷性与安全性等方面的提升，人类抵御海上自然风险的能力也不断加强，最明显的标志便是水上交通事故的逐年下降。但是，与此形成鲜明对比的是，由人为因素引发的水上交通事故在事故统计表上仍然高居榜首。据统计，在海难事故和污染损害事故中，约有80%与人的因素有关；触礁、失火、爆炸事故中人的因素的比例高达90%；船舶碰撞事故涉及人的因素的比率远远高于其他种类的水上交通事故，超过90%的船舶碰撞与人的因素有关[①]，其中60%与人的因素有直接关系，其余30%与人的因素有间接关系[②]。人的因素对船舶安全的影响由此可见一斑，而水上交通事故与海上气象或内河自然风险等因素的关联性却在日益减少。

"在水上交通系统中，无论是作为航海技术的直接实践者还是作为系统的管理者，人都是操纵、管理行为的主体，而船舶是行为的客体，环境则是行为和效果的重要影响因子。因此，人的因素在水上交通系统中占有着特殊的位置。"[③] 在水上交通犯罪中，人的因素主要集中体现在船员这一群体上。经调查我们发现，船舶违规操作的原因有多种：其一，船员对船舶驾驶的法律法规掌握不准确，进而在实际操作中导致违规问题；其二，船员逞强冒险、违规驾驶，例如船舶小角度避让而造成重大责任事故；其三，船员擅离职守没有履行岗位职责，例如因疏于瞭望或航线设计有误而造成船舶碰撞或触礁等；其四，船员工作态度不认真，没有尽到危害结果的预见义务和避免义务而造成重大责任事故。当然，船员的职业具有一定的特殊性，存在着人力所不能抗拒的风险，正如交通行业内部所形成的一种共识：船员是一个高风险的行业，船员长期处于特殊的船舶环境中，较长时间在此种环境下容易产生恐惧、郁闷的心理，进而发生心理以及生理上的疲劳，在工作中难以集中精力以致发生意外事故。但是这些问题仅可作为船员法律责任的参考因素，并不能因此免去船员的法律责任。

在水上交通领域，交通肇事罪的主体既包括船舶的驾驶人员和操作船舶设备的人员，如船员，还包括对船舶运输活动的直接指挥和领导人员，如引航员、船舶所有人、船舶承租人和经营人等。当水上交通肇事的主体是船员的时候，刑事责任的划分就有了难度。由于船员业务要求的不同，

---

① 引自 Department of Transport, UK., The Human element in shipping casualties [R]. London: HMSO, 1991.

② 引自 Kuo C., *Managing ship safety* [M]. London: LLP Reference Publishing, 1998.

③ 陈雷：《我国水上交通安全宏观评估的研究》，硕士学位论文，大连海事大学，2007年。

这一主体呈现出特殊性和复杂性。

海上航行本身就是一种具有风险性的活动，即使人类对于自然状况的预测能力和提高船舶抵御风险的能力在不断提升，船舶的安全航行仍然离不开船舶指挥和操纵人员的业务素质和业务技能的制约。随着航运需求的增加，船员市场供不应求，船员无序流动加剧，船员队伍稳定性低，船员的素质、质量难以得到保证。部分船舶单位"重使用，轻管理"，对技术船员的再培训重视不够，船员安全意识不强、法制观念淡薄、驾驶操作技能和应急应变能力差。我国是船员大国，船员数量居世界第一，成为世界公认的船员大国。交通运输部新闻办公室2018年公布的《2017年中国船员发展报告》显示，截至2017年年底，我国共有注册船员148.3万余人、同比增长6.5%。其中，海船船员70.9万余人、同比增长5.4%，内河船舶船员77.4万余人、同比增长7.6%，船员队伍总体保持稳定增长。[①] 在我国某市"12.18"重大水上交通事故中，驾驶船舶的宋某在之前就因违反船舶管理规定而被处以扣留船长适任证书的行政处罚，事发当时就已不具备驾驶资格，却仍被委以"船长"重任。随着近几年来船长、大副因其船舶操作业务过失导致犯罪而被追究了刑事责任后，船员业务过失犯罪已经逐渐成为实务界和学界关注的焦点。

从船舶的驾驶原理来讲，船舶的驾驶是需要各个部门不同船员按照操作程序完成的。对于驾驶船舶这样一个分工精密、高度机械化的工作，自然需要一个分工合作、令行禁止的团队，团队中囊括各类船员，依据职务的高低，权责范围不同，那么对于船员业务过失的追究也可依据职务高低的不同进行把握。

第一，船长。如前所述，船长是船上的最高领导人，决策者和监督者，船长的权利和职能具体包括对船舶的指挥和管理职能、警察职能、公证职能、应变职能和代理职能。在上述有关船长职能的规定中具体可能涉及有关船长刑事责任的主要指船长的指挥管理职能、警察职能和应变职能。其中涉及船长业务过失的，主要为指挥管理过失和应变过失，具体再细化就是船长的决策过失、管理过失和监督过失。决策过失，是指船长在制订船舶航行的路线、组织船舶启航和进港时间，指挥应急救济措施等过程中因方案错误而导致的人身财产重大损害。因此，依据权责统一的原

---

① 交通运输部新闻办公室：《2017年中国船员发展报告》。

则，一旦因为决策方案错误引发严重事故后果，理应由该方案的决策者来承担相应的责任。管理过失的责任主体主要是高级船员，船长承担的管理过失责任是指在日常的船舶管理过程中，由于其不正确履行或者不履行管理职责所导致的人身或财产重大损害的责任。监督过失，是船长作为船舶最高船舶监管人员对船舶操作监督不力而造成的人身或财产重大损害。由于船长在船上的统帅地位，其指挥直接关系着船舶安危，所以在实践中，追究水上交通事故刑事责任的往往是船长等高级船员。英美等国家认为船长等是特定的身份，具有特定的责任，由于其疏忽大意，没有履行其职责，造成了重大事故构成犯罪，一般是以玩忽职守罪追究船员的刑事责任，而我国刑事法律认为只有履行国家赋予职责的人才是构成玩忽职守罪的主体，船长船员不是玩忽职守罪的主体，对其只能按照交通肇事罪追究刑事责任，实践中一般是以交通肇事罪追究船员的刑事责任。

第二，高级船员。高级船员分为管理级船员和操作级船员。管理级船员一般承担管理过失和监督过失，个别情况①下也承担决策过失。管理过失，是指因船舶日常管理制度落实过程中的渎职行为所导致的人身或财产重大损害。高级船员依据职务的高低拥有程度不同的管理权，因而对其职责管理范围内的人身财产损害也承担不同程度的管理过失的责任。高级船员承担的监督过失是指因船舶监管人员对船舶操作监督不力而造成的人身或财产重大损害。

操作级船员一般不涉及管理、监督和决策的职责，这是由船员的职务高低和职责范围所决定的。操作级船员主要承担操作过失。操作过失，是指因船舶具体操作失误而导致的人身或财产重大损害的情形，通常发生的应急救济过程中。操作过失，也叫具体行为过失，操作过失的发生，前提是决策方案、下达指令都正确。在这一前提下，由于具体行为人对船舶指令的操作发生偏差所导致的业务过失称之为操作过失。实践中，绝大部分的船员过失都属于操作过失。对于操作过失，系在应急状态下所实施，如果符合紧急避险的条件，自然不构成犯罪，如果超过避险的损害程度，可认定为交通肇事罪，因具有避险的发生，可从轻或减轻处罚。也可考虑以大陆刑法的"无期待可能性"理论阻却船员的刑事责任。

---

① 在船长不在船或者船长不能履行职责的情况下，代替船长行使职责的高级船员同时拥有了船长的权利，也承担同样的责任。

第三，普通船员。普通船员为支持级的船员，一般没有决策、管理和监督的过失责任，其操作过失也只是辅助性操作行为，因而并不承担刑事责任。

最后，"针对基于业务行为造成损失而构成犯罪的情形，刑罚的惩罚机制应该后置于刑罚的威慑机制，即应以预防为主；同时从经济核算的角度看，由于船长船员的适任培训需要一定的财力和时间的投入，同时航海经验又是航运顺达的一个重要因素，因此基于此类业务犯罪的主观恶性一般较小，且有相当一部分行为的发生缘于过失，"[①] 故在量刑上应多考虑这一职业特点和行业特征。

四　引航员业务过失犯罪的认定

所谓引航员，是指持有资格证件在固定水域受雇为船舶引航的航海技术人员，又称引水、引水员。船舶在港区、内河、沿岸航行，为了避免发生搁浅、触礁、碰撞等事故，要求驾驶人员能及时控制船位和进行避让。引航员的职责主要是协助船长保障船舶的安全进出港口和靠泊，为船舶在港区航行和靠离泊操纵提供技术服务。引航员提供某一水域的引航方案，必须对所在水域的地理特点、航道、水深、水流、航标设置和当地规章制度了如指掌，并具有熟练的船舶驾驶操纵技术。实务中，具有引航资质的引航员，也会有因其疏忽大意和人为操作的过失引起水上交通事故。在这种情况下，引航员是否应当承担法律责任？目前，由于引航员的过失或疏忽造成的经济损失，通常由船舶所有人或承运人承担，引航员仅承担相应的行政责任或一定的民事赔偿。然而，一旦发生由于引航员的引航失误造成交通事故并涉嫌犯罪的情况下，承担交通肇事责任的主体就出现了争议。

刑事责任的承担必须以合格的犯罪主体为要件，因为引航员的主体资质就成为影响其刑事责任承担的主要因素。有资料统计显示，在80%的海上事故发生时，有引航员在船。于是，在驾驶台，船长与引航员之间的工作关系也成为议论的焦点。[②] 目前，司法判例中出现的承担水上交通肇事罪的主体大多为船长和大副等船舶驾驶人员，但也有学者认为，引航员也

[①] 王艳玲：《船员海事犯罪立法的法理性研究》，《世界海运》2001年8月版。
[②] 陈学思：《引航员、船长与长江引航安全关系探究》，《中国水运》2008年第4期。

是从事交通运输的人员之一，理应纳入交通肇事罪的主体范围①。

关于引航员能否成为水上交通肇事罪的主体，目前存在着两种截然相反的观点。一种观点认为其不能成为水上交通肇事罪的主体，原因在于引航员的引航意见是通过船长的意志表达来实施的，最终对船舶的决策权和操纵权都是由船长来实施，船长仍然是船舶的最高指挥者和直接责任人。另一种观点认为引航员可以成为水上交通肇事罪的主体，主要依据在于其属于交通肇事罪的主体范围人员之一，即引航员属于"从事交通运输的人员"之中②。

如前所述，一切从事水上交通运输和非从事水上交通运输的人员都可以是水上交通肇事罪的主体，既包括直接从事和保证水上交通运输业务的人员，也包括间接从事水上交通运输管理并且客观上影响水上交通运输安全秩序的人员。引航员的工作内容主要是提供引航方案，是通过下达一系列船舶指令来实现的。这一提供引航方案的行为不能被错误理解为操纵船舶、指挥船舶的行为，而是需要经过船长的同意，通过驾驶员、舵工和机舱人员的操作才能实现。引航员的职责主要是为船舶在港区航行和靠离泊操纵提供技术服务，工作内容常常包括：对船舶安全航行设备和船舶操纵人员给出必要的指令；帮助与当地VTS中心、港口控制和其他船舶进行通信联系；如果锚泊或者开航，给拖轮和带缆工下达指令；协助执行主管机关关于交通流组织方面的命令。同时，作为船长的顾问，引航员应提供专业知识，包括：目的港的情况和交通；通航环境；航标的工作状态；航行指南；特殊规定以及对被引航船舶的限制。当然在引航员开始引领前，引航员需要通过阅读引航卡或咨询船员等方法，迅速熟悉并适应被引航船舶的文化习惯、船舶的操纵特性、船载航行设备的状况等等③。引航是一项高难度的技术性工作。引航员必须具备扎实的专业技能、丰富的引航经验和坚毅果断、临危不乱、胆大心细的良好素养以及具有良好的沟通能力和能熟练驾驶和操纵各类船舶的技术能力。

综上，引航员提供引航方案的行为使其已经真正参与到了船舶驾驶的

---

① 参见王作富《刑法分则实务研究》，中国方正出版社2006年版，第194页。

② 参见高铭暄、马克昌主编《刑法学》，北京大学出版社、高等教育出版社2007年版，第402页。

③ 陈学思：《引航员、船长与长江引航安全关系探究》，《中国水运》2008年第4期。

工作当中，影响着水上交通运输的安全。因而，其主体身份上也是符合的，引航员是（水上）交通肇事罪的主体之一。但是，在主体符合交通肇事罪构成要件的情况下，引航员能否承担其过失引航导致交通事故的刑事责任，还要考察其行为的客观方面因素是否符合本罪的构成要件，不能一概而论。此外，在强制引航和非强制引航的情况下，引航员是否承担起过失犯罪的刑事责任，也要区别对待，不可同日而语。准确把握交通肇事罪的构成条件，才是判断其能否入罪的关键。

五 水上交通事故"人员失踪"的认定

在水上交通运输中，船舶事故的发生经常伴有人员的失踪，少则几人，多则几十上百人。据统计，自2007年至2011年5年间，广东海事局管辖水域内因交通事故导致人命、财产损害就居高不下：2007年死亡49人，失踪8人，泄漏油类71.37吨；2008年死亡28人，失踪11人，泄漏油类0.25吨；2009年死亡24人，失踪2人，重伤6人，泄漏油类571.03吨；2010年死亡28人，失踪27人；2011年死亡26人，失踪1人，重伤1人。浙江省因交通事故导致人命、财产损害的情况更为严重：2007年死亡25人，失踪81人，重伤4人，泄漏油类10.252吨；2008年死亡29人，失踪55人，泄漏油类0.88吨；2009年死亡28人，失踪40人，泄漏油类510.18吨；2010年死亡23人，失踪62人，泄漏油类0.5吨；2011年死亡18人，失踪44人。可见，当前水上事故的后果已然达到严重的程度。人员失踪，在民法上是属于一种经过法定程序确认的法律事实，即宣告失踪。当该法律事实得以确认之后，便会引起民事法律关系的变化，直接导致权利义务关系的变化。而在刑法上，犯罪行为对人身的损害后果表现为伤残和死亡，任何犯罪后果中都没有"人员失踪"的情形。换言之，在我国现行刑法中，死亡和重伤的后果是承担刑事责任的法定结果，刑法并不承认人员失踪是犯罪的后果。所以，在罪刑法定原则的要求下，司法机关难以对人员失踪这种危害后果进行直接的法律判断，无论行为人事实上造成了多少人员失踪，也很难与刑事责任挂钩。事实上，在特定水域环境下，只要落入水路就很难再有生还的机会。虽然1992年最高人民法院在给四川省高级人民法院《关于遇害者下落不明的水上交通肇事案件应如何适用法律的请示》的电话答复中明确指出，"根据被告人的行为造成受害人下落不明的这一事实，以交通肇事定罪处罚"，但直到今天，司法机关始终没有在法律规范层面继续跟进，对此类案件的立案标准和量刑幅度也一直没有给出明确的解释，实践中诸如此类事故的处理比较混乱，亟待梳理解决。

从刑事立法和刑事司法来看，他们对于"人员失踪"的看法并不一致。虽然致人落水失踪的社会危害性并不亚于致人死亡，但严格意义上讲，"人员失踪"并非是刑事实体法的研究对象，而是刑事诉讼过程中需要进行确认的一种既非死亡又非伤害的危害结果，是水上事故发生之后因无法找到尸体，退而居其次的法律事实。无论从逻辑上判断还是从客观事实上考量，对受害人的损害都是非死即伤，失踪并无逻辑上存在的空间，只是苦于找不到死亡证据退而求其次的无奈选择。因而，刑事立法与刑事司法对此种危害结果采取了不同的处理模式。

一方面，刑事立法对于"人员失踪"的疏漏是肇事者规避刑事责任承担的主要依据。从交通肇事罪的法条来看，该罪是过失犯罪，因而要构成本罪就必须发生了严重后果，即致人重伤、死亡或使公私财产遭受重大损失，这是判断行为人罪与非罪的标准。然而，我们可以发现，该条罪状在表述时只将致人重伤、死亡或者使公私财产遭受重大损失这三种后果放在其构成要件之内，并没有把"致人落水下落不明"这种人员失踪的状态作为危害结果包括进去。不仅交通肇事罪如此，我国刑法典对于其他责任事故危害后果的描述，一直以来也都只包含了人员的伤亡和财产的损失而缺乏人员失踪这一后果的明确规定。按照罪刑法定原则的要求，法无明文规定不为罪，刑法没有对造成人员失踪这一后果进行刑罚上的苛责，肇事者自然也没有了承担刑事责任的理由。本书认为，从立法者的角度来看，之所以忽略了"人员失踪"的危害结果也有一定的道理，因为在物理性能上失踪与死亡、伤害不能同日而语，失踪最终的结果是一或然性判断：或者是死亡，或者是伤害，也可能生还。此外，失踪在逻辑关系上对应的是存在，而不是死亡或伤害。所以，对这种推测的事实状态是不能在刑法立法层面作为认定刑事责任的依据的。

另一方面，在刑事司法层面，最高人民法院早在1992年对于致人落水失踪能否认定交通肇事罪就有了肯定态度，1992年10月30日《最高人民法院研究室关于遇害者下落不明的水上交通肇事案件应如何适用法律问题的电话答复》（以下简称《电话答复》）指出："刑事判决认定死亡只能是实际发生的死亡结果，对水上交通肇事案件的遇害者下落不明的，不能推定其已经死亡，只能根据被告人的行为造成受害人下落不明这一事实，以交通肇事定罪处罚，民事诉讼应另行提起，并经过宣告死亡程序后处理赔偿等民事权益纠纷。"该《电话答复》一方面表明了不能将失踪推定为死亡的观点，另一方面又确认可以根据受害人下落不明这一事实，以交通肇事罪追究肇事者的刑事责任。但令人遗憾的是，随后的20年间，司法机关对于"人员失踪"秉持的态度始终没有在法律规范层面继续跟进，对此类案件的立案标准和量刑幅度也一直没有给出明确的解释，甚至在2000年《交通肇事解释》中交通肇事罪的危害结果依旧只有致人重伤、死亡和公私财产遭受重大损失三种，"人员失踪"仍然没有被涵盖在内，再次忽略了人员失踪的考量。本书认为，1992年《电话答复》尽管不属于规范的司法解释，但也在司法实务部门具有指导作用，其相关的判例也能够成为法院定罪处罚的范例，只不过问题出在这种准司法解释并没有引起海事行政执法机关和刑事司法机关的应有重视，或许是因为1992年《电话答复》没有在入罪的条件和量刑的幅度上给予明确意见而失去了操作的可能性，最终导致该《电话答复》的意见和精神无法付诸实施。

交通肇事致人死亡、重伤的认定对于交通肇事罪的成立具有重要意义，但交通肇事致人落水失踪在我国现行刑事立法中却没有任何评价。长期的法律空白导致司法实务部门对交通肇事致人失踪的行为常常做出不同处理，不确定性裁判时有发生，或不予起诉，或宣告死亡，或推定死亡，又或直接定罪处罚等。归纳言之，"人员失踪"的现实处理模式主要有以下几种模式：

模式一："人员失踪"不是法定犯罪后果，不能作为定罪量刑之依据。当前，此种意见在实务工作中已是屡见不鲜。每年的水上事故中，都会有大量的人员失踪的情况发生，然而，实务中此类案件的处理结果大多只是行政处罚，并未对其予以刑法规制。究其原因，是由于我国《刑法》并没有将"人员失踪"作为法定犯罪后果加以规定，因此按照罪刑法定原则，在以法定的犯罪结果发生为犯罪成立要件的犯罪（如交通肇事罪）中，"人员失踪"是不能作为定罪量刑的依据的。本书认为，此种情况不仅体现了司法实务需要和法律依据缺位之间的矛盾，也暴露了法律的滞后性特点。立法者在确定构成交通肇事罪的定罪量刑标准时，是以公路交通事故为参考的，通常情况下公路交通事故中是不存在人员失踪这种情况的，所以在交通肇事罪的定罪量刑中就没有"人员失踪"的概念，只考虑人员死亡、重伤和财产损失。① 当实践中出现了大量由于水上交通肇事导致的人员失踪情形时，由于法律规范的缺位，就使得一些犯罪行为逃避了刑法的制裁，这对于维护司法正义无疑是背道而驰的。

模式二：引入民法"宣告死亡"制度，确认"宣告死亡"为定罪量刑依据。本书认为，此种对"人员失踪"的处理方法是错误的，理由如下：首先，民法中的宣告死亡是指，因公民下落不明达到法定期限，法院根据利害关系人的申请，依法宣告该公民死亡的一项法律制度，这是一种法律上的推定死亡。如果该公民实际并未死亡，其在异地的民事行为依然有效。当被宣告死亡人重新出现时，被宣告失踪或者被宣告死亡人所涉及法律关系就应回复到失踪前的状态，以重新保护其主体的权益。从立法意图上看，设置宣告死亡制度的主要目的不是解决公民事实上生存还是死亡的问题，而是为了结束长期失踪人所涉及法律关系的不稳定状态，保障利害关系人的利益，维护正常的社会生活秩序。可见，宣告死亡只能引起民事关系上的变化，且以实际情形为制约，并不能适用于刑事领域对犯罪事实的认定。其次，刑法意义上的死亡，不仅意味着自然人生命的终止，同时还带来了对造成这一死亡结果的罪犯生命权、自由权的剥夺。这种刑事惩罚不同于民事法律关系的变更，是无法回复的，因而必须是慎重的。同时，对于刑法意义上的死亡的认定要求必须客观、真实，而不能主观臆测或者推定，这也是刑事证据规则的要求。因此，不宜将民事法律上的宣告死亡制度直接援引到刑法法律领域中，用以确认公民死亡的真实状态。

模式三：根据"下落不明"情况推定死亡，依据"推定死亡"作为定罪量刑依据。该意见认为，对水上交通肇事遇害者下落不明的，可以根据案件发生的具体情况，判断遇害者不可能生存的，可直接认定遇害者已经死亡，对被告人以交通肇事定罪判刑，并可同时提起附带民事诉讼。本书认为，此种意见过于武断地将失踪等同于死亡，是不可取的。首先，虽然失踪者生还可能性不大，但毕竟不能完全排除生还的可能性。水路交通事故中寻找不到失踪者的因素是多方面的，并不仅仅只有失踪者死亡一种结果。其次，刑事上的认定死亡要求证据间形成完整的证据链，排除其他生还的可能性。而在实践中，这一操作规范在具体实施时，因为水陆实地

---

① 王茹军：《水路交通肇事犯罪若干问题浅探》，《水上消防》2006年第1期。

环境情况的不同，就可能出现不同的证明结果。在以陆地为案发环境的矿难事故、爆炸事故中，即使未能找到遇难者尸体，只要间接证据足以证明确实发生了无法找到遇难者尸体的重大事故，并能够形成完整证据链，排除了谎报或者从其他途径逃生的可能性时，就可以依照相关罪名追究责任人员的刑事责任。而以水上为案发环境的案件中，尤其是海上犯罪案件，由于海域环境的流动性、不封闭性以及易受气候变化影响等复杂的特点，使得海上证据的取得极为困难，波浪、水流、潮汐、气候，甚至船舶、季节变化，都会影响到证据的收集，因此，本书认为，试图通过收集大量的间接证据形成客观完整的证据链，在理论上是可行的，但在实践中不仅困难重重，而且会大量浪费国家行政、司法资源。因而，就目前来看，是不可取的。最后，刑罚的实施是不可逆的，一旦死亡作为犯罪后果被刑法所确认，对于造成这一刑事法律后果的行为人而言，就必须接受刑法的制裁。这种制裁大多是对于人身自由和生命的剥夺，因而刑罚一旦开始，就无法恢复，这也是我们慎用刑罚的原因之一。所以，我们应从刑法谦抑的谨慎原则出发，现有证据无法排除遇难人生还的可能性时，失踪不能等同于死亡。尚未发现遇难人的尸体时，不能推定失踪人死亡从而追究当事人的刑事责任，以避免错案的发生。

模式四：根据"下落不明"情况直接以交通肇事罪定罪处罚。1992年《电话答复》中对"下落不明"的水上交通肇事案件作出了规定，确立了可以根据被告人的行为造成受害人下落不明这一事实以交通肇事定罪处罚的先例。在交通肇事致被害人落水失踪打捞尸体无果的情况下，既不能排除其生还的可能性，又没有直接证据或完整的间接证据证明其死亡，将其生死不明之状界定为失踪虽是无奈之举，确也只能如此。

综上，本书认为，对于"人员失踪"的刑法定性，前三种处理模式虽有其合理性，但也都不乏其各自在司法操作上的不足。1992年《电话答复》给司法机关适用法律提供了一个粗略的方案，虽然该电话答复只具有准司法解释的效力，却有效解决了一直困扰着全国涉水行政、司法机关办理水上交通肇事案的一大法律难题，而2010年5月九江市浔阳区人民法院对致人落水失踪的肇事者以交通肇事罪追究其刑事责任的判决正是通过判例的形式将"人员失踪"作为一种刑事后果予以司法肯定。本书赞同该主张，并建议通过司法解释将"人员失踪"作为独立的危害后果纳入交通肇事罪当中，将这一特殊后果的法律适用进一步规范化，为司法机关提供惩罚水上交通肇事者的法律依据,最终达到预防犯罪、激励海难救助、减少社会危害的社会效果。

第二节 重大责任事故罪

重大责任事故罪是近年来水上交通运输领域常见多发的一种犯罪,重大责任事故的发生不仅危及水上人命安全,也造成了公私财产遭受了重大损失,甚至会造成水域环境严重污染进而危及生态,对企事业单位的正常发展和经营也造成了严重的阻碍,直接危害社会的稳定。从刑法理论来看,重大责任事故罪属于业务过失类犯罪。

一 重大责任事故罪的构成

重大责任事故罪,是指由于违反有关安全管理的规定,因而在生产、作业中发生重大伤亡事故或者造成其他严重后果的行为。近年来仅次于交通肇事罪的常见多发型犯罪行为就是重大责任事故罪,这种犯罪不仅严重阻碍了企事业单位的正常经营和发展,也危及人民群众的生命财产安全,直接威胁到社会的稳定。本罪的构成要件是:

第一,犯罪客体。本罪侵犯的客体是生产、作业的安全。重大责任事故罪所侵犯的是安全生产秩序和生产、作业安全。现代生产愈来愈趋向于集约化,需要协作、有序的状态,现代技术的高风险威胁着不特定的人身及财产安全。世界各国普遍运用法律手段,加强安全生产管理,强制参与生产、作业的人员履行安全生产的义务。

第二,犯罪客观方面。本罪的客观方面是违反有关安全管理的规定,因而在生产、作业中发生重大的伤亡事故或者造成其他严重的后果的行为。具体来讲,本罪客观方面由以下三个要素构成:一是行为人对有关安全管理规定的违反。违反生产作业中关于安全管理的规定,既是事故发生的原因,也是本罪成立必不可少的条件。所谓与安全管理有关的规定,由三个方面构成:(1)与保障安全生产、作业有关的国家颁发的法律法规;(2)事业单位、企业及其上级管理机关所制定的章程、规则、规程等明文规定;(3)法律法规虽然没有明文规定,但却对生产、科研、设计、施工中安全操作的客观规律做了有效的反应,一些公认的正确的操作习惯和惯例是在事业单位、企业中行之有效并在实践中得到认可的。二是有关安全管理规定的行为的违反必须发生在生产、作业过程中，有关职工、从业人员的生产、作业活动要与之有直接联系。如果生产、作业与事故的发生并没有关系，则不成立本罪。三是行为人因违反有关安全管理规定的行为而在生产、作业中导致重大伤亡事故或者其他严重后果发生，即重大伤亡事故或者其他严重后果的发生与违反有关安全管理规定的行为之间必须具有因果关系。该行为并未造成重大伤亡事故或者其他严重后果的，即使它是违反安全管理规定的行为也不构成犯罪。

第三，犯罪主体。《刑法修正案（六）》将《刑法》第一百三十四条的重大责任事故罪的主体从特殊主体修改为一般主体，但这并不意味着本罪对于主体上的要求就完全消失了，其主体依然必须是从事某项"业务"的人，主体特征仍然是客观存在的。因此，本罪的主体是从事生产、作业的自然人，包括对生产、作业负有组织、指挥或者管理职责的负责人、管理人员、实际控制人、投资人等人员，以及直接从事生产、作业的人员。而且，这些人员与生产单位是否具有所属关系，以及是否有证照进行生产、作业的还是无证照或证照不全进行生产、作业的，均无须考虑。至于单位，不能成为本罪的主体。

第四，犯罪主观方面。本罪的主观方面是过失，可以是疏忽大意的过失，也可以是过于自信的过失。由于不能预见或者不能抗拒的自然现象引起的事故，以及因为技术条件或者设备条件的限制而无法避免的事故，由于行为人主观上没有过失，不能认定为本罪。

二 重大责任事故罪的认定

我国《刑法》第一百三十四条第一款规定，"在生产、作业中违反有关安全管理的规定因而发生重大伤亡事故或者造成其他严重后果的，处三年以下有期徒刑或者拘役；情节特别恶劣的，处三年以上七年以下有期徒刑。"

对重大责任事故罪认定的时候，存在一个对风险业务如何正确认识的问题。。所谓风险业务就是指某些不可避免地带有一定风险的业务。在当前高科技的情况下，风险业务也随之增加。传统的过失理论认为，行为人应立即停止其可能发生危害结果的行为，当其产生认识时就应停止。否则，构成对注意义务违反的行为，医疗事故技术就是违反了对危害结果的回避义务。所以，应当禁止这类业务活动。否则，会以过失犯罪对发生损害结果的行为予以论处。显然，这种做法在回避风险的同时并不能促进社会生产的发展，科学技术的进步也有不利影响。此种情况下，从刑法理论上，允许的危险理论如果能被提出，在一定程度上对过失犯罪的成立范围可以产生限制。所谓允许的危险，是指某种具有危害倾向，但因其对社会有益而允许被实施的合法行为。在刑法层面允许的危险的价值在于，一定程度上对开办风险业务的组织者、管理者的过失责任予以免除；同时一定程度上对从事风险业务的业务人员的过失责任予以免除。在风险业务领域，重大责任事故罪频繁发生，因此对本罪进行认定的时候，应当对允许的危险这一理论正确适用，在区分罪与非罪的界限方面以其作为标准。

关于认定犯罪后果方面，刑法规定了"严重后果"和"重大伤亡"两个标准，如果成立犯罪，造成的结果具备其一便可。换句话说，尚未造成重大伤亡事故，造成严重后果的违章行为是不成立重大责任事故罪的，适当的行政处罚即可达到惩罚效果。1989年11月30日最高人民检察院印发的《人民检察院直接受理的侵犯公民民主权利人身权利和渎职案件标准的规定》，对重大责任事故罪的这两个标准作了规定。重大伤亡，是指致人死亡一人以上，或者致人重伤三人以上的；严重后果，是指造成直接经济损失五万元以上的，以及经济损失虽不足规定数，但情节严重，使生产、工作受到重大损害的。所谓情节特别恶劣，是指经常违反规章制度，屡教不改，明知没有安全保证，不听劝阻，强令工人违章冒险作业；发生过事故不引以为戒，仍继续蛮干；事故发生后，不组织抢救，使危害后果蔓延扩大；为逃避责任，伪造现场、嫁祸于人；造成伤亡人数特别多；造成直接经济损失特别大等。2007年2月26日最高人民法院审判委员会第1419次会议、2007年2月27日最高人民检察院第十届检察委员会第72次会议通过的最高人民法院、最高人民检察院《关于办理危害矿山生产安全刑事案件具体应用法律若干问题的解释法释》第四条 发生矿山生产安全事故，具有下列情形之一的，应当认定为刑法第一百三十四条、第一百三十五条规定的"重大伤亡事故或者其他严重后果"：（一）造成死亡一人以上，或者重伤三人以上的；（二）造成直接经济损失一百万元以上的；（三）造成其他严重后果的情形。具有下列情形之一的，应当认定为刑法第一百三十四条、第一百三十五条规定的"情节特别恶劣"：（一）造成死亡三人以上，或者重伤十人以上的；（二）造成直接经济损失三百万元以上的；（三）其他特别恶劣的情节。

从刑事司法上讲，重大责任事故罪的认定除了体现为对于罪与非罪的认定，更多体现的是重大责任事故罪与其他相似具体罪的严格界分。明确罪名之间的界限，不仅有助于准确进行定罪量刑，打击犯罪，更有助于及时对被犯罪行为侵害的利益给予救济。在实践中，我们要注意区分重大责任事故罪与以下几种相近犯罪的界限。

第一，重大责任事故罪与失火罪、过失爆炸罪、过失投放危险物质罪的界限。这几个罪名的相同点在于：（1）主体相同，构成重大责任事故罪与失火罪、过失爆炸罪、过失投放危险物质罪的主体都是一般主体。（2）重大责任事故罪与失火罪、过失爆炸罪、过失投放危险物质罪在客观方面上，都表现为发生了财产损失或者人员的重大伤亡事故等其他严重后果，重大责任事故罪的危害后果有时也可以表现为火灾、爆炸、中毒等事故。（3）重大责任事故罪与失火罪、过失爆炸罪、过失投放危险物质罪的主观方面都是过失。不同点在于：在犯罪的客观方面上，重大责任事故罪是主体在作业活动和生产活动中，因违反安全管理法规规定或重大伤亡事故或其他严重后果是由于管理人员强令作业而发生；而失火罪、过失爆炸罪、过失投放危险物质罪的客观方面表现为主体缺乏必要的慎重而引发火灾、爆炸、中毒事故。

第二，重大责任事故罪与危险物品肇事罪的界限。危险物品肇事罪，是"指违反放射性、毒害性、易燃性、爆炸性、腐蚀性物品的管理规定，在生产、储存、运输、使用中发生重大事故，造成严重后果的行为。"[①] 两罪相同点在于：（1）主观方面都是过失犯罪；（2）在客观方面都造成了严重后果。区别主要有两点：（1）主体虽然都是一般主体，却不尽相同。重大责任事故罪的主体是从事生产、作业或指挥生产作业的人员；而危险物品肇事罪的主体一般是从事危险物品生产、储存、运输和使用的人员。（2）行为发生的场合不同。重大责任事故罪的行为必须是发生在生产、作业过程中，而危险物品肇事罪则只能发生在生产、储存、运输、使用危险物品的过程中。

第三，重大责任事故罪与交通肇事罪的界限。两罪的一般区别在于：（1）交通肇事罪的主体是从事交通运输活动并受交通运输管理法规调整的人员，而生产、作业重大安全事故罪的主体是从事生产、作业或者对生产、作业进行管理的人员。（2）交通肇事行为必须是发生在交通运输管理的范围内，而重大责任事故罪一般发生在企业、事业单位等内部或者其他生产作

[①] 高铭暄、马克昌：《刑法学》，北京大学出版社，2004年版。

业的场所。(3) 交通肇事罪是违反交通运输管理法规的结果，而重大责任事故罪则是违反与生产、作业相关的安全管理规定的结果。对于既可应用于生产、作业，又可应用于交通运输的工具，而从事生产、作业的人员或交通运输人员违反规章制度驾驶或操作这些设备，因而发生严重危害结果，对此如何认定一直都是司法实务中比较棘手的问题。对于这种情况有不同的理解。(1) 业务论认为，当肇事事故发生在生产、作业单位，且行为人在单位内从事运输，重大责任事故罪是指在这些单位的区域内，在为生产、作业进行运输的工作中，发生了肇事事故；但如果交通运输人员是在途经上述单位的区域内的运输行为导致了肇事事故，则应以交通肇事罪定。(2) 时间论认为，应该根据行为人肇事时使用的既有交通运输功能又有生产作业功能的工具，是处于交通运输过程还是处于生产作业过程进行区别。例如起重型的大型吊车，如果行为人在生产作业区域内操作它从事生产吊运时肇事，就是生产作业过程中肇事，以重大责任事故罪定罪；如果是行为人在公路上驾驶吊车运行时肇事，则是交通运输过程中的肇事，以交通肇事罪定罪。(3) 场所论认为，除了严格掌握犯罪的构成要件外，还应着重注意事故是不是发生在特定的生产线上，这两点是划清重大责任事故罪与交通肇事罪的界限，重大责任事故罪是发生在特定的生产线上的，交通肇事罪不是发生在特定的生产线上而是发生在交通线上的。因为在生产线上的交通运输发生的事故是对生产安全的危害，如果是交通线上的交通运输发生的事故，则是对交通和行人的安全的危害。依此标准，正在吊运建筑材料的吊车、正在挖土的挖掘机、在生产、作业场所转运材料的运输工具，因有关人员违反安全管理规定或强令冒险作业而发生重大事故的，都应定重大责任事故罪；而当挖掘机、吊车为转移工地行进在公共交通线路上发生事故，或者生产、作业单位的职工在生产、作业区域内的马路上，运输是为生产作业正常进行而发生了事故，以及跨公路为同厂异地的生产作业进行运输而发生事故的，或者交通运输人员进行交通运输时在经过厂矿企业区域内发生事故的，一概以交通肇事罪定罪处罚。① 对于上述争议问题，最高人民检察院曾在 1992 年 3 月 23 日最高人民检察院《关于在厂（矿）区内机动车造成伤亡事故的犯罪案件如何定性处理问题的批复》中指出，机动车伤亡事故案件是在厂

---

① 刘志伟、梁剑：《重大责任事故罪若干疑难问题研讨》，《河南省政法管理干部学院学报》2002 年第 2 期。

（矿）区内作业期间发生的，区别对待不同情况：在公共交通管理范围内，因违反交通运输规章制度，导致的重大事故，以交通肇事罪规定处理；违反生产安全各项规章制度，导致重大伤亡事故、严重后果的发生，以重大责任事故罪定罪处罚；发生在公共交通管理范围外的，应当以重大责任事故罪定罪。2000年《交通肇事解释》第八条明确规定了重大责任事故罪与交通肇事罪的场所界限问题，以交通肇事罪处罚在实行公共交通管理范围内发生的重大交通事故的行为人，公共交通管理范围以外的，驾驶机动车辆或者使用其他交通工具致使公共财产或者他人财产遭受重大损失或者致人伤亡，符合犯罪构成的，依照重大责任事故罪等犯罪分别处理。根据上述司法解释以及对诉讼经济性的考虑，对于重大责任事故罪与交通肇事罪以及司法实践中两者存在的交叉问题，我们认为应当这样认定，(1) 在生产、作业区域内生产、作业人员违反安全规定操控运输工具而造成严重后果的，当然认定为重大责任事故罪。(2) 交通运输人员或操控运输工具的非交通运输人员在公共交通管理范围内因违反交通运输管理法规而造成严重后果的，也当然认定为交通肇事罪。(3) 生产、作业人员在公共交通管理范围内，因违反交通运输管理法规而造成严重后果的，应认定为交通肇事罪；因违反生产、作业安全管理规定的，则应认定为重大责任事故罪。(4) 交通运输人员或操控运输工具的非交通运输人员在交通管理范围外的生产、作业场所违反运输工具操控规定或生产、作业安全管理规定，因而造成严重后果的，应认定为重大责任事故罪。

第三节　强令违章冒险作业罪

强令违章冒险作业罪为《刑法修正案（六）》新增罪名。[①] 由于水上交通运输行业的船舶公司、船东等船舶所有人、承租人和船舶的驾驶人员——船员主体在地位上的不平等，强令违章冒险作业的行为在水上交通领域时有发生。而船员群体在被要求违章冒险作业的时候，由于职业的特

[①] 2020年12月26日，第十三届全国人民代表大会常务委员会第二十四次会议通过《中华人民共和国刑法修正案（十一）》，将强令违章冒险作业罪修改为："强令他人违章冒险作业，或者明知存在重大事故隐患而不排除，仍冒险组织作业，因而发生重大伤亡事故或者造成其他严重后果的，处五年以下有期徒刑或者拘役；情节特别恶劣的，处五年以上有期徒刑。"

殊性以及生存本能受限，只能被动地接受违章冒险作业的要求，而违章冒险作业常常会带来重大安全事故的发生。因此，通过刑法手段来规制船舶公司、船东等的行为，对于维护水上秩序，保障人民生命财产安全，具有重要意义。

一 强令违章冒险作业罪的构成

强令违章冒险作业罪的含义是强令违反规则制度冒险作业，导致发生人员死亡、重伤或者其他严重的危害后果，危及公共领域安全的行为。

该罪的构成要件包括以下四个方面：

第一，犯罪客体。本罪所侵犯的客体是生产作业的安全以及安全生产秩序。

第二，犯罪客观方面。本罪的客观表现形式是强令他人违章冒险作业，从而导致重大伤亡事故或其他严重后果的发生，这里有三方面含义：1. 行为人具有"强令他人违章冒险作业"的行为。"强令他人违章冒险作业"这一罪状，不包括行为人本人生产、作业在内。所谓"强令他人违章冒险作业"，主要指进行生产或施工作业等工作的管理人员，在明确知道自己的决定违反相关规章制度，有发生事故的可能性，却怀有侥幸心理，认为不会出现事故，强行命令他人进行违章作业的行为。但该"强令"应达到造成被强令者心理强制的程度，被强令者属于"违心行事"，否则不能构成"强令"。强令他人违章冒险作业罪的客观表现是"违章冒险作业"。这里的"章"，应当作广义理解，根据《刑法修正案（六）》第一条第一款的规定，应该指"有关安全方面的规定"。除了国家颁布的与安全生产、作业有关的法律、法规，还包含企业或事业单位及上级机关所制定的反映生产安全和生产规律的规章制度。[①] 判定是否属于强令他人违章冒险作业的关键是看是否"违章"，如果管理人员做出符合安全生产规定的决定，即使强行命令且行为存在危险，也不可以认定属于"强令违章冒险作业"。在生产作业中，因为不可预料、不能抗拒的原因从而发生重大伤亡事故，这属于被允许的危险，行为人没有违章，在主观上不存在过失，就不需要承担刑事责任。[②] 依据最高检的解释，"章"还包括"那

[①] 苏惠渔：《刑法学》，中国政法大学出版社1994年版，第447页。
[②] 鲍遂献、雷东生：《危害公共安全罪》，中国人民公安大学出版社2003年版，第365页。

些虽无明文规定，但却反映了生产、科研、设计、施工中安全操作的客观规律与要求，长期为群众所公认的行之有效的正确的操作习惯与惯例"。学术界对"规章制度"应否包含安全生产的习惯和惯例有不同看法。部分学者认为应当严格以法律、法规、规章、条例为限，习惯和惯例不应当包括在内，主要基于以下两个方面的理由：第一，习惯、惯例不具有国家的强制力。"法律上的责任尤其是刑事责任的前提必须是事前设定的法律规范，不能以不够明确或是等待论证的规范追究刑事责任。常识、习惯、道德不具有法律规范的性质，不能用国家强制力保障遵行。"① 第二，注意义务的根据包含习惯和惯例违反罪刑法定原则。操作惯例的特点是易变和不确定，这样难以处理认识上的分歧。因此，将操作惯例作为注意义务的根据之一隐含着罪刑擅断的危险，有可能扩大责任事故犯罪的成立范围。② 对于这一观点，本书并不完全赞同。罪刑法定原则对习惯法的态度是不得用习惯来定罪，但不是说不能够使用习惯来对刑法进行解释。这样的操作惯例没有规定犯罪行为，因而不存在创制犯罪。因此，将国家颁布的与安全生产、安全作业有关的法律法规和企事业单位及上级机关制定的安全生产的规章制度以及长久形成的操作惯例作为强令违章冒险作业罪中的补充规范，这并不违反罪刑法定这一原则。③ 在实践中，某些组织并没有制定内部规章，只参照一般行业规定的长期予以施行准确有效的操作习惯和管理上的惯例进行理解。④ 所以我们认为，这样的习惯、惯例应该包含在强令违章冒险作业罪的"规章制度"中。对于违章冒险作业中的"险"，应该作客观理解。"险"，就是危险的意思。刑法学对于危险有两种理解：一是感觉上的危险，国外将其称为"恐惧感"，行为人根据日常的生活经验，在没有客观事实根据的基础上，主观感觉到恐惧就是危险；二是客观具体的危险，行为人从理性的角度出发，以客观的事实和现象为基础和依据，感知到的危险是客观的。⑤ 在这里我们认为，违章冒险作业

---

① 张智辉：《刑事责任通论》，警官教育出版社1995年版，第235页。
② 汪红飞：《论空白刑法中补充规范的范围——以重大责任事故罪为视角》，《太原师范学院学报》2006年第6期。
③ 王俊平：《责任事故犯罪构成要件之比较》，载高铭暄、赵秉志主编《刑法论丛》（第7卷），法律出版社2003年版，第319页。
④ 黎宏：《重大责任事故罪相关问题探析》，《部门法专论》2008年第5期。
⑤ 陈兴良：《规范刑法学》，中国政法大学出版社2003年版，第693页。

中的"险"应当以客观具体的危险为标准,不能将危险主观化。有观点认为实施违章行为本身就是在冒着发生结果的危险。① 即只要行为人实施了违反规章的行为,就是在实施冒险行为。本书不同意这一观点。首先,法条中,"违章"和"冒险"并列使用,如果违章就意味着冒险的话,则法条明显重复,这显然不是立法者的简单失误,如此规定必有原因;其次,将违章与冒险做同一理解,是对冒险行为的一种形式化理解,使强令违章冒险作业罪的处罚范围扩大了。② 而对"作业"的理解,应该仅从危害公共安全的角度出发。本罪客体是生产作业安全,这属于公共安全范畴。因此只能发生在生产作业中,"生产、作业"的主体包括合法开办的工厂、企业也包括非法从事该行为的主体,但不包括进行传统农业生产的主体。传统农业生产是小规模的简单劳动,仅仅涉及特定个人的人身安全或者少量财产的安全,不会对不特定多数人造成生命、健康或重大财产的危险,不在公共安全的范畴之内。此外,这样的情形也不包括在内:农民雇人在自己家的院子内建造房子,强令工人安装房梁,未尽安全注意义务,导致发生伤亡。从表面上看,这样的情形符合本罪客观方面,但因为是农民个人从事的临时性质的生产作业,并没有涉及公共安全,因此不应纳入本罪范畴。2. 发生重大伤亡事故,或者造成其他严重后果。强令违章冒险作业罪只有发生了重大伤亡事故或者造成其他严重后果才可能成立,也就是该罪要求发生实害,如果强令他人违章冒险作业但是没有发生重大伤亡事故或者造成其他严重后果,则不构成此罪。3. 强令他人违章冒险作业的行为与发生重大伤亡事故或造成其他严重后果之间具有因果关系。发生重大伤亡事故或造成其他严重后果必须是因为行为人强令他人违章冒险作业导致的才能够按照强令违章冒险作业罪定罪。

第三,犯罪主体。强令违章冒险作业罪的主体是一般主体,是指有权强令他人违章冒险作业的管理人员,一般限于企业、事业单位的"领导者",根据《关于办理危害矿山生产安全刑事案件具体应用法律若干问题的解释》第三条规定,犯罪主体包括对矿山生产作业负有组织、指挥、管理职责的管理人员、负责人、投资人、实际控制人等。需要注意一点,

---

① 刘志伟、梁剑:《重大责任事故罪若干疑难问题探讨》,《河南省政法管理干部学院学报》2002年第2期。

② 黎宏:《重大责任事故罪相关问题探析》,《部门法专论》2008年第5期。

"强令者"既可以是单位中从事作业指挥和管理的人员,也可以是同被强令者处于相同地位的一般工人,比如命令徒弟做工的师傅,而不必然要求是有领导身份的人。①

第四,犯罪主观方面。本罪的主观方面是过失,包括疏忽大意的过失和过于自信的过失,本罪要求的过失是针对发生后果而言,而对于既违章又冒险则是明知的。

二 强令违章冒险作业罪的认定

在水上交通领域,存在许多生产、作业的地方,比如:采砂、打渔、航运、钻井平台作业等,可以说作业内容也是十分丰富的,而且较陆地而言,水上作业又有其复杂、特殊的一面,因此,更加有必要对强令违章冒险作业罪的认定进行研究。强令违章冒险作业罪的刑事责任规定在我国《刑法》第一百三十四条第二款中,具体内容是:"强令他人违章冒险作业,因而发生重大伤亡事故或者造成其他严重后果的,处五年以下有期徒刑或者拘役;情节特别恶劣的,处五年以上有期徒刑。"

但是,在对犯罪主体进行认定时,被强令者是否也要为此承担责任?强令违章冒险作业罪根据文意解释,主要惩罚的对象就是强令违章冒险作业的生产指挥者。但是该罪中还存在另一主体即被强令的工人,他们是否也要为其造成的严重后果负责呢?对此学界观点不一。有的学者认为,被强令者接受了生产指挥者的命令违章作业,最后因违章作业行为造成了重大事故或严重后果,当然需要为此承担责任,但因行为符合重大责任事故罪的构成要件,应认定为是重大事故罪。持这种观点的学者认为,被强令的工人本身并没有达到被生产指挥者强制丧失自由意志的程度,他们仍然可以选择自己的实施行为,当然为此负刑事责任。另外,由于强令违章冒险作业罪是过失类犯罪,根据我国共同犯罪理论,过失犯罪不能成立共同犯罪,因此对二者的行为应当分别定罪量刑。② 还有的学者认为,被强令者虽然实施了违章冒险作业的行为,但是不管有没有对强令内容的认识都不应该认定为犯罪,更不应为此承担刑事责任。这种观点认为,在刑法理

---

① 黎宏:《重大责任事故罪相关问题探析》,《北方法学》2008 年第 5 期。
② 刘志伟:《危害公共安全犯罪疑难问题司法对策》,吉林人民出版社 2006 年版,第 407 页。

论中工人们执行强令者的命令是不应该承担责任的。另有学者认为，工人之所以不承担刑事责任是因为被强令的工人已经丧失了意志自由，这与第一种观点相反。①

我们认为，被强令者承担责任与否，不应一概而论，应根据不同案件中强令者接受强令的程度区别对待。② 如果强令者作出的强令只是一般强制程度，也就是说是符合生产指挥者身份的，没有威胁性语句，不足以控制被强令作业的工人，此时，被强令者依旧有意志自由，没有达到难以反抗的程度，这时他们应该对自己的冒险作业和因此引发的严重后果承担责任。此外，从刑事政策上看，被强令者之所以遵守生产指挥者的命令，是出于自我保护的目的，他理应认识到了这种违章作业的行为可能会发生危害后果，会给社会、公共安全造成威胁，这是一种牺牲公共利益保护私人利益的行为，是不应当为刑法所保护的，如果这种行为没有受到刑事惩罚，不利于刑法预防犯罪的目的实现，是法律适用的不平等。③ 因而，对被强令者的这种行为法律不能不计情况的一刀切。

如果生产指挥者对被强令者以威胁相命令，例如解雇、扣发奖金等，那么此时已明显区别于上述强令行为，被强令者不具备冒着被解雇的风险违抗指挥者命令的期待可能性，虽然这一理论在我国刑法上没有明确规定，但是这一情节可以成为从轻或减轻的量刑情节。另外，如果做出威胁命令的不是生产指挥者而是一般主体，通常他们做出的威胁是以暴力手段威胁，这种情况比之前两种更为复杂，也更能压制被强令者的意志反抗。这里的一般主体包括有身份者、无身份者。在这种程度的命令下，被强令者几乎或完全丧失自由意志，不应承担刑事责任。④

---

① 尉文明：《论重大责任事故罪》，《法学论坛》2007年第5期。
② 刘雪梅：《解决刑法修正案（六）对责任事故犯罪的修正》，《邵阳学院学报》2006年第6期。
③ 孟庆华：《重大责任事故犯罪的认定与处理》，人民法院出版社2003年版，第30页。
④ 刘哲、田美妍：《重大责任事故罪》，高等教育出版社2002年版，第364页。

第五章

水上交通犯罪刑事责任的认定——典型行政犯

在水上交通犯罪中，典型行政犯主要以妨害水上交通管理秩序、破坏环境资源类和水上渎职类犯罪为主，其客观表现很少有人员伤亡的发生。较之刑事犯和不典型行政犯，这几类犯罪的社会危害性以及反伦理性程度都低，因此我们将其归类于典型行政犯之中。在典型行政犯中，常见的犯罪多表现为伪造、变造、买卖国家机关公文、证件、印章罪、污染环境罪、妨害公务罪以及非法采砂罪等罪名。由于伪造、变造、买卖证件类犯罪与陆上同类犯罪并无太大差异，因此本书对于典型行政犯的研究主要集中于污染环境罪、妨害公务罪和非法采砂罪三个罪名。

第一节 污染环境罪

21世纪人类进入了海洋时代，海上运输与海洋开发规模的不断加大，在海上贸易日益兴起的同时，船舶及其水上活动给海洋环境引发的污染隐患也随之激增。中国进口原油90%以上通过海上运输，增加了污染海洋的概率。据海事部门统计1973—2006年，我国沿海共发生大小船舶溢油事故2635起，其中溢油50吨以上的重大船舶溢油事故共69起，总溢油量37077吨，平均每年发生2起，平均每起污染事故溢油量537吨。[1] 其中，"大连海域从1990年到2004年1月就发生溢油事故8起，百吨以上的有3起"[2]。1998年到

---

[1] 阎二鹏：《海上犯罪的立法规制之模式构想》，《海南大学学报》（人文社会科学版），2013年4月。

[2] 引自任晶惠《一旦发生溢油事故……大连呼唤海区水域污染应急反应系统》，《大连日报》2004年4月19日（大连新闻）。

2008 年 10 年间，虽然海事管理机构采取了严格的防控措施，但我国沿海海域依然发生了 718 起船舶事故引发的溢油，溢油总量达 11749 吨，这些事故当中溢油量 50 吨以上的污染事故就有 34 起，溢油量高达 10327 吨。

近几十年来，重大船舶油污事故屡屡发生。1983 年 11 月 25 日，巴拿马籍"东方大使号"油轮出港途中在青岛港中沙礁触礁搁浅，溢出原油 3000 多吨，造成胶州湾附近海域的污染，受污染海岸线长达 230 公里。2002 年 11 月 23 日，马耳他籍"塔斯曼海"轮与中国籍"顺凯 1"轮在天津海域发生碰撞，导致近 200 吨原油泄漏；2004 年 12 月 7 日，巴拿马籍"现代促进"轮与利比里亚籍"地中海伊露娜"轮在珠江口海域发生碰撞，导致后者 1200 多吨的燃油泄漏。国家海洋局统计称，中国沿海地区平均每四天发生一起溢油事故，其中包括船舶碰撞溢油。2010 年 1 月 14 日兴龙舟 288 油轮满载 1000 吨燃料油的油轮因海冰挤压在潍坊港北部海域 8 海里处海冰围困、挤压，导致油船左侧 1 号、3 号仓体发生挤漏。

《2012 年中国海洋环境状况公报》显示，2012 年我国海洋环境质量状况总体良好，但近海海域环境污染问题依然突出，近岸海域污染严重，海洋溢油、危险化学品泄漏等突发性事件的环境风险加剧等。溢油事故屡屡发生，给我国的海洋环境和国家、人民财产和人身健康带来极大损害，在客观危害上已然超过污染环境罪所限定的入刑标准，如何通过法律来惩治污染海洋的行为，构建一个保护我国海洋权益的体系，已经成为法学界迫在眉睫需要解决的问题。但我国水上交通运输行业的刑事立法比较单薄，在污染环境罪的罪名设计上没有体现对海洋的特殊保护，以交通肇事罪入刑在理论上没有障碍，但是对于船舶溢油损害结果的计算也存在一些尚需明确的问题，并且该罪的犯罪客观方面要件尚没有明确的立法定位与司法解释，犯罪主观要件也存在理论认识的分歧，因而实务中鲜有对此类案件入刑的实际案例。同时，我国现行解决船舶溢油污染的法律制度处于制度变更过程中，存在着诸多理性与感性因素的干扰，从民事、行政法律到刑事法律都有碍于此问题的解决。在航运发达国家，海洋溢油入刑已经不是新鲜事，我国船员在他国海域造成船舶溢油时常被所在地国提起刑事诉讼，而我国在此问题上的模糊立法与宽纵司法不利于国家主权的维护。

一　污染环境罪的构成

污染环境罪，指违反防治环境污染的法规，造成环境污染，后果严重,依照法律应受到刑事处罚的行为。近20年来,由于环境污染不断加剧,对社会经济和人民的生命财产造成了日益严重的危害,许多国家纷纷将严重违反法律规定污染环境的行为定为犯罪。其中主要包括污染大气、水、海洋等。

第一,客体要件。本罪侵犯的是复杂客体,包括国家对环境的保护秩序和污染防治的管理秩序以及环境、生态的安全。

第二,犯罪的客观方面。本罪的客观方面表现为违反了国家对环境保护和污染防治的相关规定,向自然环境中排放、倾倒或者处置有放射性、含传染病病原体的废物,有毒物质或其他危险废物,造成环境污染,致使公私财产遭受重大损失或者人身伤亡的严重后果的行为。具体包括以下三个方面:一是必须违反国家规定。为了防治污染、改善生态环境,国家先后制定了针对大气、水体、海洋等具体环境保护的法律,同时又根据污染来源的不同颁布了诸多条例。违反这些法规,被依法认定为是犯罪的行为,侵犯的就是国家对环境及生态的保护管理制度。二是必须存在排放、倾倒和处置之一的行为。其中排放是指向土地、水体、大气排入各种废物的行为,包括泵出、溢出、泄出、喷出、倒出等,倾倒是指凭借船舶、飞机等介质工具,将各种危险废物倾卸在土地、水体、大气中的行为;处置是指以改变危险废物属性的方式或者将其抛弃的行为。我国《刑法》第三百三十八条规定:"违反国家规定,排放、倾倒或者处置有放射性的废物、含传染病病原体的废物、有毒物质或者其他有害物质,严重污染环境的,处三年以下有期徒刑或者拘役,并处或者单处罚金;后果特别严重的,处三年以上七年以下有期徒刑,并处罚金。"三是必须存在因环境污染,最后造成公私财产遭受重大损失或者人身伤亡的严重后果。本罪是结果犯,构成本罪必须已经产生了环境污染的结果,无此结果也不属于犯罪而是一般的环境污染行为。本罪主要以土地、大气、水体等自然环境为犯罪对象。自然环境,是指与人类生存密切相关,影响人类生存和发展的多种天然的和经过改造的自然因素的总和,包括大气、水、海洋、土地、森林、自然保护区等。如果自然环境被污染、破坏,人类的生存环境也将恶化,人类本身也会随之消亡。

第三,犯罪主体。本罪对于主体没有特殊要求,即凡是年满16周岁并具有刑事责任能力的人均可。单位同样可以犯本罪。

第四,犯罪主观方面。污染环境罪是过失犯罪。这种过失是针对行为人因自己污染环境的行为造成危害后果的心理状态而言，至于行为人对自己违反国家环境保护法规规定污染环境的行为通常是故意的，在定罪方面在所不问。

二 船舶溢油造成海洋污染行为的认定

近年来，船舶制造工业和交通管理手段在技术上显著提升，因此船舶遭遇自然风险造成的损失也明显下降。有数据表明，超过90%的船舶碰撞与人的因素有关，[①] 其中60%与人的因素有直接关系，其余30%与人的因素有间接关系。[②] 因而，要想有效避免碰撞的发生，最重要的是提高船员、船舶和运输管理人员的业务能力和风险意识。毫无疑问，刑罚是其中最严厉的预防手段。多年来，水上交通行业形成内部保护，以行业高风险性为挡箭牌，将船员职业行为规避法律惩罚，最终船舶碰撞的人为因素长期难以解决。船舶溢油与其他环境污染行为的刑事问责依据主要是我国刑法典、附属刑法以及相关的司法解释。从刑事诉讼机制上看，该类案件得以进入司法程序的主要依据是附属刑法。我国现行刑法"重陆轻海"没有专门为船舶溢油污染行为设置单独罪名，刑法第三百三十八条中的"污染环境罪"涵盖了发生在陆地与海上的污染行为，表面上看可以用于惩处此类犯罪，但经推敲之后会发现此罪难以在司法实践中所适用。船舶碰撞溢油的刑法适用涉及两个方面的问题：

其一，犯罪构成和罪名适用尚存理论难题

船舶溢油一般由以下两种原因造成，一是船舶作业过程中正常排放原油，二是碰撞或触礁后船体破损导致油污泄漏。第一种情况下如果行为人的主客观方面等构成要件符合污染环境罪的犯罪构成，即可依据刑法第三百三十八条认定为"污染环境罪"。第二种情况下船舶发生碰撞触犯的是"交通肇事罪"，如果船体破裂导致油污泄漏才触犯"污染环境罪"这一罪名。在因果关系层面，船舶碰撞首先导致船舶破损，其次才发生溢油污染海洋。在司法实践中关于船舶碰撞后破损溢油的定性为体尚存争议。例

[①] ［英］交通运输署：《航运伤亡中的人为因素》，皇家文书出版署出版，伦敦，1991年版。(Department of Transport, UK. The Human element in shipping casualties [R], London: HMSO, 1991)

[②] ［英］《船舶管理安全》，LLP 参考出版社出版，伦敦，1998年版。(Kuo C., *Managing ship safety* [M], London: LLPReference Publishing, 1998)

如，船舶碰撞可否直接使用刑法对于交通肇事罪的规定？毕竟船舶不同于汽车，船舶的成本远高于汽车的成本，同样的碰撞后造成的损失也是汽车无法比拟的，如果直接将船舶碰撞比照车辆碰撞"造成公共财产或者他人财产直接损失，负事故全部或主要责任，无力赔偿数额在 30 万元以上的"[①] 作为定罪量刑的标准，对船舶是否公平？另外，船舶碰撞后出现的人员失踪情况在我国刑法中并没有作出规定，直接使用刑法第一百三十三条就会产生适用困难。最后，船舶碰撞后造成溢油污染是直接定交通肇事罪还是交通肇事罪与污染环境罪并罚？对环境修复的费用应否计算在污染环境罪的损害后果内？这些问题在理论上和立法上都尚处于空白状态。

2003 年上海"长阳轮"溢油案最终以"交通肇事罪"定罪，法院最终认定：两被告人违章驾驶造成重大事故，且肇事后又存在逃逸行为，以致贻误了采取有效措施进行堵漏、清污的最佳时机，造成了黄浦江水域大范围的污染。有关部门为及时清污耗资高达 1700 余万元，给国家财产造成重大损失，两被告人的行为均已构成交通肇事罪，以交通肇事罪判处官某某、陈某某 5 年有期徒刑。在刑法上这两个罪名是有牵连关系的，交通肇事罪牵连出了污染环境罪的危害后果，在刑法上的处罚方式是从一重罪。

2011 年刑法修正案（八）将"重大环境污染事故罪"的罪名改为"污染环境罪"，但是因相关的司法解释尚未出台，故不宜适用在船舶碰撞溢油污染的事故中。"污染环境罪"为叙明罪状表述为："排放、倾倒或者处置有放射性的废物、含传染病病原体的废物、有毒物质或者其他有害物质，严重污染环境的"。从罪状结构来看虽然比之前更加严谨，但在实践操作中难以认定污染环境的行为。由于该条只列明了"排放、倾倒、处置"三个行为，那么触犯污染环境罪的行为只限于这三个行为，十分局限。从法条中并不能明确本罪的主观是故意还是过失，但是根据《海环法》第九十五条："排放，是指把污染物排入海洋的行为，包括泵出、溢出、泄出、喷出和倒出。"可以看出，这些行为的主观方面既包括故意有过失，因而船舶碰撞后溢油污染海洋环境包括故意和过失的行为。虽然一般情况下溢油污染环境是过失造成的，但本书认为溢油之所以污染环境是

[①] 2000 年 11 月 10 日最高人民法院《关于审理交通肇事刑事案件具体应用法律若干问题的解释》第二条明确规定的这一入罪条件。

因为船舶碰撞引发的,最终是船舶碰撞的结果,《海环法》中解释的"泵出、溢出、泄出、喷出和倒出"尚不能确定此情况下是否包括船舶碰撞后的间接后果。根据刑法牵连犯的理论分析,船舶碰撞后导致溢油污染的发生属于原因行为与结果行为,二者存在牵连关系应从一重罪处罚,定污染环境罪。另外该行为还可能牵涉另外一个罪名,即不报、谎报安全事故罪,因为如果溢油船舶在事故责任认定上是无责任或次要责任,是不能认定为交通肇事罪的。但对于溢油事故是有义务及时上报给有关部门的,否则便构成不报、谎报安全事故罪。

其二,刑事立案标准不明确

2011 年刑法修正案(八)将"重大环境污染事故罪"改为"污染环境罪"的同时,去掉了原条文中"致使公私财产遭受重大损失或者人身伤亡的严重后果"的立案标准的表述,只模糊规定了"严重污染环境的"。由于缺乏有关的入罪标准,当前实践中通常比照重大责任事故罪的司法解释来定罪量刑:致使 1 人死亡、重伤 3 人,或者造成直接经济损失在 100 万元以上或有其他严重后果的。因而,在污染环境罪立案标准方面尚不明确。而 2006 年 6 月 26 日最高人民法院审判委员会第 1391 次会议通过的《最高人民法院关于审理环境污染刑事案件具体应用法律若干问题的解释》中的第二条规定的"人身伤亡的严重后果"或者"严重危害人体健康"的行为与现行刑法三百三十八条表述的客观方面无法相互契合,其中的"致使一人以上死亡、三人以上重伤、十人以上轻伤,或者一人以上重伤并且五人以上轻伤的;"或者"致使传染病发生、流行或者人员中毒达到《国家突发公共卫生事件应急预案》中突发公共卫生事件分级Ⅲ级情形,严重危害人体健康的"情形能否作为"污染环境罪"的定罪标准在学界尚存异议,[①] 只有其第三条规定的作为认定"后果特别严重"的如下情形尚可作为入罪的条件:(一)致使公私财产损失一百万元以上的;(二)致使水源污染、人员疏散转移达到《国家突发环境事件应急预案》中突发环境事件分级Ⅱ级以上情形的;(五)致使三人以上死亡、十人以上重伤、三十人以上轻伤,或者三人以上重伤并十人以上轻伤的;(七)其他后果特别严重的情形。至于突发环境事件Ⅱ级标准,可查看 2006 年国务院发布的《国家突发环境事件应急预案》的规定。凡符合下

---

① 参见李立众编《刑法一本通》(第八版),法律出版社 2011 年版,第 359 页。

列情形之一的，为重大环境事件（Ⅱ级）：(1) 发生 10 人以上、30 人以下死亡，或中毒（重伤）50 人以上、100 人以下；(2) 区域生态功能部分丧失或濒危物种生存环境受到污染；(3) 因环境污染使当地经济、社会活动受到较大影响，疏散转移群众 1 万人以上、5 万人以下的；(5) 因环境污染造成重要河流、湖泊、水库及沿海水域大面积污染，或县级以上城镇水源地取水中断的污染事件。在目前难以确定立案标准的情况下，定罪量刑可以暂时使用上述规定，但死亡 1 人便可入罪的标准应当明确，因为在其他事故类的犯罪中，只要死亡 1 人以上，便可构成过失类犯罪，在环境污染问题上不应当有更高的条件。

其三，刑事司法程序难以启动

如前所述，行政监管部门对于船舶碰撞溢油污染案件很少以犯罪处理，这种执法方式已形成传统，严重阻碍了该类事故进入刑事司法程序。2001 年《国务院 310 号令》明确规定："行政执法机关对应当向公安机关移送的涉嫌犯罪案件，不得以行政处罚代替移送。……涉嫌构成犯罪，依法需要追究刑事责任的，必须依照本规定向公安机关移送。"但在司法实践中，案件难以移送司法程序主要存在两方面原因，一是极少部分案件由于行政执法人员"技术偏差"在移送证据上难以选择，二是大部分案件的办案人因"情感倾斜"放纵犯罪嫌疑人，他们放纵的目的既可能是为了以权谋私，也可能是满足"小团体"的利益需求。2006 年 7 月 26 日施行的《最高人民检察院关于渎职侵权犯罪案件立案标准的规定》对徇私舞弊不移交刑事案件行为构成犯罪的立案标准作了一些细化，其中第四项便是"以罚代刑，放纵犯罪嫌疑人，致使犯罪嫌疑人继续进行违法犯罪活动的"，也包括"行政执法部门主管领导阻止移交的"和"直接负责的主管人员和其他直接责任人员为牟取本单位私利而不移交刑事案件，情节严重"诸多情形。虽然上述两个规定均对行政执法人员违法违规不移交刑事案件的渎职行为做了明确规定，但是立法与司法存在诸多衔接问题，因此船舶碰撞溢油事故的刑事问责制形同虚设，交通肇事罪中仅有肇事者逃逸这一明显要件通常可以被追诉外，其他情形都很难被追究刑事责任。

最后，我国司法实务部门处理船舶溢油事故不但要兼顾国际法律规范的要求，还要协调好国内法律、法规和部门规章的位阶关系，以及相关司法解释和司法指导意见的专门规定，特别是行政与刑事法律的交叉与重叠关系亟待解决。

三 海洋油气平台溢油污染行为的认定

海洋蕴藏着丰富的石油和天然气,近年来海洋石油工业和交通运输业发展迅速,全球大约有6000多座营运中的海洋油气平台,包括固定式钻井平台、浮动式钻井平台和水下开采设备等。与其他的海洋污染源相比,平台向海洋环境排放的油类物质极少,平均排放量约为19750—20000吨/年,占总排放量的2%左右。① 虽然这种事故排放的油类总量不多,发生事故的频率也相对较低,但是一旦发生事故,后果通常会相当严重。据统计,我国每年排入大海的石油达11.5万吨,并呈逐年增长趋势。② 未来海洋石油开采会更加频繁,对我国来说,应对海洋钻井平台石油污染将是一个十分紧迫的问题。③ 然而,由于我国海洋环境保护意识的落后,相应的海洋保护手段及制度也不完善,这就给海洋环境带来了前所未有的挑战,海洋污染日益严重,生态损害触目惊心。1998年12月3日,胜利石油管理局CB6A-5井原油大量泄漏,溢油时间长达193天,造成直接经济损失354.7万元,间接经济损失795.48万元;2002年10月26日,绥中36-1油矿CEP平台控制系统异常关闭,发生原油外溢事故;2010年5月13日,中海油天津分公司南海一号钻井平台发生一起溢油事故;2010年7月16日大连输油管线爆炸,引发大火和1500吨原油入海,50平方公里海面受污,专家估计,其造成的生态危害将持续七至八年;2011年6月4日,渤海湾蓬莱19-3海上油田的大规模溢油,累计造成5500平方公里海域受污,直接导致870平方公里的海水面积水质由一类下降为劣四类(根据《海水水质标准》,一类为最优,四类最差),给渤海渔业、养殖业造成严重损失,对海洋生态的破坏更难以数计。越来越多的可怕事故,背后是体制环境与自然环境的劣质化,而其根本原因则是对利益永无止境的追求没有受到公众利益、社会利益的严厉约束。根据我国现行的《海洋环境保护法》,对海洋工程溢油事故责任方的行政处罚最高限额为20万人民币。违法后果与违法成本之间的强烈反差,暴露出我国在生态损害赔偿机

---

① 参见张爽、李桢、张硕慧《近岸钻井平台造成的海洋污染及国际海事立法》,《国际海事公约研究与动态》2010年第3期。
② 引自陈建秋《中国近海石油污染现状、影响和防治》,《节能与环保》2002年3月。
③ 参见任强《海洋石油开发油污损害中的国家赔偿责任探究》,硕士学位论文,中国政法大学,2011年。

制上的软肋。对公民利益的漠视是重大海洋污染事故未能有大规模民事诉讼的根本原因。越来越多的可怕事故,背后是体制环境与自然环境劣质化,对利益永无止境的追求没有受到公众利益、社会利益的严厉约束。① 不仅如此,在面对海洋污染涉嫌犯罪的情况下,刑事问责也基本处于空白。现有的刑事法律制度能否保护国家海洋权益,海洋油气平台溢油事故的法律后果究竟有哪些,如何才能有效地维护海洋生态环境的安全,已然成为当下我国刑事立法司法面对海洋污染事故时亟待解决的问题。

刑事责任是海洋污染的法律责任体系中最严厉的一种责任形式,也是法益的最后一道保护屏障,是预防海洋环境污染和生态损害的必然要求。我国海上油气平台溢油事故的刑事问责制依据主要由《刑法》、附属刑法《海环法》《工程防污条例》中的刑事责任条款及相关的司法解释构成。从立法层面来看,我国现行刑法第三百三十八条的"污染环境罪"包括在陆地和海洋上的所有污染行为,并没有针对海洋环境污染单独设置罪名,在暂时没有专门的污染海洋环境罪的情况下,污染环境罪可以适用于导致海洋环境污染的情形。2011 年刑法修正案(八)把污染环境罪的罪状限定在"违反国家规定,排放、倾倒或者处置有放射性的废物、含传染病病原体的废物、有毒物质或者其他有害物质,严重污染环境的"行为上,文中所列的"排放",既包括故意排放也包括过失泄漏;主观罪过形式在该法条中也没有明确的限制,只要行为人违反国家规定排放了上述有毒有害物质的,都可能构成污染环境罪。当然,如果是过失泄漏的,需要造成一定的危害后果方可构成犯罪,因为我国刑法总则对过失犯罪明文要求有结果才能成立犯罪。同时,由于海上油气平台溢油属于生产作业过程中的事故,符合《刑法》第一百三十四条规定的"重大责任事故罪"的构成条件,即:"在生产、作业中违反有关安全管理的规定,因而发生重大伤亡事故或者造成其他严重后果的"。因此,实务中,当海洋油气平台溢油污染事故完全符合重大责任事故罪的犯罪构成时,是可以直接追究相关人员的刑事责任,而不一定作为污染环境罪处理。至于该罪名的起刑点,可参照 2007 年 2 月 28 日最高人民法院、最高人民检察院《关于办理危害矿山生产安全刑事案件具体应用法律若干问题的解释》第四条规定的

---

① 参见叶檀《中海油漏油事故中的三宗罪》,载于南方报业网,2013 年 3 月 8 日访问。http: //opinion. nfdaily. cn/content/2011-07/06/content_ 26413523. htm。

"造成死亡1人，或者重伤3人以上的；造成直接经济损失100万元以上的。"与污染环境罪相比，重大责任事故罪的起刑点要高得多。依据最高人民法院于2006年7月21日公布的《关于审理环境污染刑事案件具体应用法律若干问题的解释》污染环境罪指致使公私财产损失30万元以上的，或致使1人以上死亡、3人以上重伤、10人以上轻伤，或者1人以上重伤，且5人以上轻伤的情形。

从刑事诉讼的机制上来看，案件移交至刑事司法机关主要根据附属刑法的刑事责任条款。我国附属刑法的立法模式主要表现出概括式的特点，即在相关的附属条文中并未规定具体的罪状及法定刑，而是笼统、概括的规定如若构成犯罪则应追究相应的刑事责任。[①] 例如《海环法》第九十一条规定："对造成重大海洋环境污染事故，致使公私财产遭受重大损失或者人身伤亡严重后果的，依法追究刑事责任。"《工程防污条例》第五十六条也同样规定："违反本条例规定，造成海洋环境污染事故，直接负责的主管人员和其他直接责任人员构成犯罪的，依法追究刑事责任。"概括式的立法模式虽然为海洋溢油的刑事犯罪搭建了诉讼通道，然而，由于其并没有在法律条款中规定相应的与刑事责任衔接的条款，不但没有起到应有的链接作用，反而给追究海洋溢油刑事责任的通道上设置了不应有的障碍。同时，这一立法模式也表明了行政执法机关移送海洋污染违法案件对于追究刑事责任的重要性。2001年国务院第310号令《行政执法机关移送涉嫌犯罪案件的规定》明令规定："行政执法机关对应当向公安机关移送的涉嫌犯罪案件，不得以行政处罚代替移送。……涉嫌构成犯罪，依法需要追究刑事责任的，必须依照本规定向公安机关移送。"然而，实践中的行政不作为现象比比皆是，究其原因，不仅有个别案件是"技术偏差"所致，更多数的案件都是因为"情感倾斜"而止步于行政处罚。2006年7月26日施行的《最高人民检察院关于渎职侵权犯罪案件立案标准的规定》对徇私舞弊不移交刑事案件的立案标准作了一些限制，其中第四项便是"以罚代刑，放纵犯罪嫌疑人，致使犯罪嫌疑人继续进行违法犯罪活动的"，也不排除"行政执法部门主管领导阻止移交的"和"直接负责的主管人员和其他直接责任人员为牟取本单位私利而不移交刑事案件，情节严重的"。由于立法与司法存在诸多衔接困难，海洋溢油事故不移送的违法

---

① 赵微主编《水上交通犯罪的理论与实务》，黑龙江大学出版社2012年版，第12—13页。

行政行为很难被追究，除了可作为交通肇事罪的一个情节之外，海洋溢油可谓诉讼无门。

任何一起责任事故的发生，必定存在监管惰性问题。我国目前对海洋溢油的监管不力，主要原因不是无法可依的问题，而是执法的监督机制问题。通常情况下，为了保证安全每个生产环节都设置了监督管理制度和机制，监督主体既有生产企业内部的专业监管人员，也包括行业管理和行政执法监督。《海环法》第九十四条专门针对监管部门的行政不作为设置了刑事责任条款，即："海洋环境监督管理人员滥用职权、玩忽职守、徇私舞弊，造成海洋环境污染损害的，依法给予行政处分；构成犯罪的，依法追究刑事责任。"《工程防污条例》第五十七条也明文规定："海洋主管部门的工作人员违反本条例规定，有下列情形之一的，依法给予行政处分；构成犯罪的，依法追究刑事责任：（一）未按规定核准海洋工程环境影响报告书的；（二）未按规定验收环境保护设施的；（三）未按规定对海洋环境污染事故进行报告和调查处理的;"《刑法》虽然也规定了环境监管失职罪、徇私舞弊不移交刑事案件罪，2006年7月26日最高人民检察院公布的《关于渎职侵权犯罪案件立案标准的规定》设定了环境监管失职罪的起刑点，即造成个人财产直接经济损失15万元以上，或者直接经济损失不满15万元，但间接经济损失75万元以上。在人员损害上，造成死亡1人以上，或者重伤2人以上，或者重伤2人、轻伤4人以上，或者重伤1人、轻伤7人以上，或者轻伤10人以上可以构成刑事犯罪。由此可见，国家在立法层面上对行政监管的滥作为或不作为的处理比责任事故本身更严厉。

最后，虽然海洋溢油行政责任的法律条文规定的较为细致，但是却缺少与刑事问责制的必要衔接。只有《海环法》第九十一条和九十四条对海洋溢油和徇私舞弊行为设定了刑罚之外，没有其他条款提及刑事责任问题，《海洋石油勘探环保条例》中更是只字未提。事实上，一起大的海洋溢油事故可能诱发民事、行政、刑事等多种法律纠纷，这样的立法现状无疑割断了行政责任和刑事责任间的内在联系，从而削弱了国家对海洋溢油的防范能力。

第二节　妨害公务罪

妨害公务罪在我国还是比较普遍的，尤其近几年我国尚处在经济建设的飞速发展过程中，社会矛盾不断激化，群体性事件时有发生，而公众对政府、国家机关工作人员的不信任、不理解导致了国家工作人员在履行职务的过程中时常受阻。随着水上交通运输的发展，在内河以及海上，针对水上执法部门的妨害公务违法行为已经不容小觑。妨害公务的违法行为已经是涉水行政管理部门工作人员能够顺利履行行政管理职责的一大障碍，亟待解决。

一 妨害公务罪的构成

妨害公务罪，是指以暴力、威胁方法阻碍国家机关工作人员、人大代表依法执行职务，或者在自然灾害中和突发事件中，使用暴力、威胁方法阻碍红十字会工作人员依法履行职责，或故意阻碍国家安全机关、公安机关依法执行国家安全工作任务，虽未使用暴力，但造成严重后果的行为。本罪的构成要件包括：

第一，犯罪客体。本罪所侵犯的客体是国家机关、人民代表大会、红十字会、国家安全机关以及公安机关的正常公务活动。

第二，犯罪客观方面。本罪的犯罪客观方面主要表现为以暴力、威胁的方法阻碍国家水上交通管理机关工作人员依法履行职责，或者虽然未使用暴力、威胁方法，但故意阻碍水上公安机关工作人员依法履行维护国家安全的职务，且造成了严重后果。要正确理解妨害公务罪的客观方面要件，应注意以下几点：

首先，对于"暴力""威胁"的理解，本罪客观行为的手段除故意阻碍国家安全机关、公安机关工作人员执行国家安全工作任务以外，必须表现为暴力或威胁方法。这里的"暴力"，一般是指对正在依法执行职务的国家机关工作人员或红十字会工作人员实施打击或强制措施，如捆绑、殴打、强行拘禁、伤害甚至杀害等。就其内涵而言，应是指侵犯公务人员自由权、健康权直至生命权的施加于公务人员本人或他人的人身或其物品的强力打击或强制行为；其应当包括损毁公务人员的财物、捆绑、拘禁、殴打、伤害乃至杀害等有形行为，以及施行催眠术、用药物麻醉、用酒灌醉等无形力一系列程度不同的侵犯人身的行为。关于暴力的指向，大多数人认为，不仅限于公务人员本人，同时应包括与公务人员有某种密切关系的人（如公务执行的辅助人员或亲友）及其所使用的物品（如办公用品）。这里的"威胁"，一般是指行为人以侵犯人身、毁坏财产、破坏名誉等相胁迫，即以将要实施侵害行为恶害相通告，对国家机关工作人员或红十字会工作人员实行精神方面的强制，意图使其心理产生一种恐惧感，从而达到阻碍其依法执行职务、履行职责的目的。至于公务人员是否真的因此产生恐惧，在所不问。这种威胁既可以口头进行，也可以书面发出，或者以身体动作暗示；既可以直接针对公务人员本人，也可以对其亲友间接进行。至于暴力、威胁必须达到什么程度，刑法没有明确规定。抽象的危险犯说着眼于保护法益，认为只要达到了足以妨害公务人员执行公务的程度就构成本罪，而不问在当时有无造成执行公务困难的现实可能性；具体的危险说则认为，只有造成执行公务困难的现实可能性，才成立本罪。显然，后者不利于保护公务的执行，故多数人赞成抽象的危险说。

其次，本罪的时间条件必须发生在公务人员依法执行职务时，即国家机关工作人员依法执行职务期间，或者在自然灾害或突发事件中红十字会工作人员依法履行职责期间，或者国家安全机关、公安机关工作人员依法执行国家安全工作任务期间。执行职务时，固然包括正在执行职务，但从保护公务角度审视，还应包括将要着手执行公务时。也就是说，从准备执行职务开始到执行行为最终完成的整个过程，或者说自公务的开始执行前有执行之样态至其行为终了时之存续状态时止。通常，执行职务的过程可划分为执行前的准备阶段和实际执行阶段这两个不可分割的组成部分。但就一体性的职务行为而言，不应将其执行过程分割成具体阶段来讨论其是否开始、终了，即使其间暂时中断或停止，也认为是在执行公务中。这往往需要联系所执行公务的特点进行判断。例如，警察在街头巡视时，即使偶尔与他人闲谈，但只要不是在休息，就应认为是在执行公务。

再次，关于"国家机关工作人员"主体的界定。国家机关工作人员，是指在国家机关中从事公务的人员，包括在各级国家权力机关、行政机关、司法机关和军事机关中从事公务的人员。在依照法律、法规规定行使国家行政管理职权的组织中从事公务的人员，或者在受国家机关委托代表国家行使职权的组织中从事公务的人员，或者虽未列入国家机关人员编制但在国家机关中从事公务的人员，在代表国家机关行使职权时，视为国家机关工作人员。在乡（镇）以上中国共产党机关、人民政协机关中从事公务的人员，视为国家机关工作人员。此外，根据最高人民检察院2000年3月21日形成的《关于暴力威胁方法阻碍事业编制人员依法执行职务是否可以对侵害人以妨害公务罪论处的批复》的规定，对于以暴力、威胁方法阻碍国家事业单位人员依照法律、行政法规的规定挨靠行政执法职务的,或者以暴力、威胁方法阻碍国家机关中受委托从事行政执法活动的事业编制人员执行行政执法职务的,可以对侵害人以本罪追究刑事责任。

第三,犯罪主体。本罪的主体为一般主体,凡年满16周岁的具有刑事责任能力的自然人都可以成为本罪的主体。

第四,犯罪主观方面。本罪的主观方面表现是故意,即明确知悉对方是正在依法执行职务的人大代表、国家机关工作人员或者红十字会工作人员,而故意对其实施暴力或者威胁,使其不能执行职务。

妨害公务罪规定在我国《刑法》第二百七十七条中:"以暴力、威胁方法阻碍国家机关工作人员依法执行职务的,处三年以下有期徒刑、拘役、管制或者罚金。以暴力、威胁方法阻碍全国人民代表大会和地方各级人民代表大会代表依法执行代表职务的,依照前款的规定处罚。在自然灾害和突发事件中,以暴力、威胁方法阻碍红十字会工作人员依法履行职责的,依照第一款的规定处罚。故意阻碍国家安全机关、公安机关依法执行国家安全工作任务,未使用暴力、威胁方法,造成严重后果的,依照第一款的规定处罚。"

2010年9月13日最高人民法院《人民法院量刑指导意见(试行)》中就妨害公务罪的具体量刑进行了规范,指导意见如下:"1. 构成妨害公务罪的,可以在三个月拘役至一年有期徒刑幅度内确定量刑起点。2. 在量刑起点的基础上,可以根据妨害公务的手段、造成的后果等其他影响犯罪构成的犯罪事实增加刑罚量,确定基准刑。3. 煽动群众阻碍依法执行职务、履行职责的,可以增加基准刑的20%以下。4. 因执行公务行为不规范而导致妨害公务犯罪的,可以减少基准刑的20%以下。"

二 水上交通领域妨害公务罪的认定

通过本书在多地的调研访谈发现,我国各地的海事部门、海事工作人员在依法行政时均遇到过妨害公务的行为,但由于该罪所侵犯的客体比较复杂,且客观方面表现形式纷繁,因此我们认为有必要对如何认定该罪进行一番梳理,以供海事工作人员履行职责时能够更好的利用法律的武器保护自己的合法权利。

妨害公务罪在水上交通运输领域中侵害的客体是国家海事局、水运局、公安局、长江航务管理局、珠江航务管理局等水上行政管理机关的正常管理秩序。国家海洋局以中国海警局名义开展海上维权执法，接受公安部业务指导；设立高层次议事协调机构国家海洋委员会，国家海洋委员会的具体工作由国家海洋局承担。

从妨害公务罪的客观方面要件来看，本罪的主要侵害对象之一就是国家机关工作人员，那么我国涉水管理机关工作人员是否是本罪的侵害对象，关键在于其是否属于国家机关工作人员。以海事局工作人员为例，从海事机关的主要职责来看，海事局是根据法律、法规的授权，负责行使国家水上安全监督和防止船舶污染、船舶及海上设施检验、航海保障管理和行政执法，并履行交通部安全生产等管理职能。海事局为交通部直属机构，实行垂直管理体制。海事局负责行使国家水上安全监督的管理和行政执法，并履行交通部安全生产等管理职能，符合上述所提到的国家机关工作人员的范围。由此可见海事局是国家行政机关，海事局的行政执法人员为国家机关工作人员，以暴力、威胁的方法妨碍海事机关工作人员依法执行职务的，当然可以构成本罪。当然，海事机关中的工作人员的编制、职责也各不相同，存在公务员编、事业编等不同编制，这是否会影响到其成为本罪的犯罪对象呢？2000年4月24日施行的《最高人民检察院关于以暴力威胁方法阻碍事业编制人员依法执行行政执法职务是否可对侵害人以妨害公务罪论处的批复》对本罪进行了进一步的司法解释，清楚明了的回答了这个问题："对于以暴力、威胁方法阻碍国有事业单位人员依照法律、行政法规的规定执行行政执法职务的，或者以暴力、威胁方法阻碍国家机关中受委托从事行政执法活动的事业编制人员执行行政执法职务的，可以对侵害人以妨害公务罪追究刑事责任。"可见，海事机关工作人员的编制不是阻碍构成该罪的障碍，只要是依法享有行政管理权的工作人员都可以成为该罪所侵犯的对象。

综上，我国涉水管理机关的执法工作人员在正常履行职务时都属于妨害公务罪的侵犯对象。

第三节 非法采矿罪

马某等4人为牟取暴利，组成团伙利用采砂船在长江流域进行采砂牟利，短短不到两个月的时间采砂近40万吨，非法获利近45万元。人民法院审理后认为，四被告为牟取非法利益积极谋划采砂活动，充分利用各自的"优势",或是疏通与相关部门的关系,或是组织调度采砂船、运砂船,进行生产管理等,事后又共同参与分赃,均应认定为主犯。鉴于四被告人均具有自首情节,被告人黄某、夏某具有立功表现,范某犯罪作用略小于其他主犯,可予以从轻处罚。随后,人民法院对该案作出一审判决,被告人马某犯非法采矿罪,判处有期徒刑三年十个月,并处罚金人民币十万元;被告人黄某、夏某、范某三人犯非法采矿罪,判处有期徒刑三年三个月,并处罚金人民币八万元;同时,追缴非法所得人民币449900元。四被告违反矿产资源法的规定,没有依法取得采矿许可证的情况下擅自组织他人采矿,情节特别严重,其行为均构成非法采矿罪。

近几年来,非法采矿活动十分严重,常常造成严重后果,多次引发沉船事故,却一直没有得到刑法的有效规制。该案的审判,是我国首次将非法采砂行为以非法采矿罪定罪处刑的案例,该案的判决不仅引发了实务界的探讨,在学术界也引发了对于非法采砂行为能否适用非法采矿罪的热烈讨论。

一 非法采矿罪的构成

非法采矿罪,即违反矿产资源保护法的规定,没有依法取得采矿许可证擅自采矿的,未经批准进入国家规划矿区、对国民经济具有重要价值的矿区和他人矿区范围采矿的,擅自开采国家实行保护性开采的特定矿种,经责令停止开采后拒不停止开采,造成矿产资源破坏的行为。本罪的犯罪构成如下:

第一,客体要件。本罪侵犯的是双重客体,即国家对矿产资源的所有权和国家对矿产生产作业、资源的管理制度。国家对矿产资源的管理制度,是一系列国家对采矿单位和个人制定的行政管理制度。国家严厉禁止和打击无证开采和超出批准范围的开采行为。据我国《宪法》和《矿产资源管理法》的规定,国家对矿产资源享有所有权,由国家出面保障和鼓励矿产资源的合理开发与利用,严禁任何组织或个人用任何破坏性手段开采矿产资源。但是,国家为了有效利用矿产资源,在不改变其所有权性质的条件下,国家将矿产资源的所有权与使用权分离,根据法定条件和程序将使用权授予组织或个人,并对其开采行为进行监督,防止对矿产资源造成破坏。

第二,犯罪客观方面。本罪的客观行为主要表现为尚未取得采矿许可证的情况下擅自开采矿产资源,擅自进入国家规划矿区、对国民经济具有重要价值的矿区和他人矿区范围采矿,或者擅自开采国家规定实行保护性开采的特定矿种,或者虽然持有采矿许可证,但不依照采矿许可证授权范围开采,情节严重的,或者特别严重的行为。我国《刑法修正案(八)》对非法采矿罪的入罪条件进行了修改,删除了原文的"经责令停止开采后拒不停止开采,造成矿产资源破坏的"客观构成条件,意味着将行政强制行为的入罪条件取消,只要具有非法开采行为便可直接定罪。同时,该修正案将非法采矿罪由结果犯改为行为犯,增加了"情节严重"和"情节特别严重"两种行为犯的入罪条件。这意味着非法采矿罪从此不以实害作为入罪条件,而是以行为达到一定程度为入罪条件。

第三,犯罪主体。本罪为一般主体,即达到刑事责任年龄具有刑事责任能力的自然人,但不是只有直接责任人员才构成犯罪,国家、集体或乡镇矿产企业中作出非法采矿决定的领导人员和主要执行人员以及聚众非法采矿的煽动、组织、指挥人员和个体采矿人员均可成为本罪的主体。

第四,犯罪主观方面。本罪在主观方面为故意,通常以牟利为目的。

该罪规定在我国《刑法》第三百四十三条第一款:"违反矿产资源法的规定,未取得采矿许可证擅自采矿,擅自进入国家规划矿区、对国民经济具有重要价值的矿区和他人矿区范围采矿,或者擅自开采国家规定实行保护性开采的特定矿种,情节严重的,处三年以下有期徒刑、拘役或者管制,并处或者单处罚金;情节特别严重的,处三年以上七年以下有期徒刑,并处罚金。"

二 水上交通领域非法采矿行为的认定

首先,在非法采砂行为以非法采矿罪认定的过程中,海砂是否属于矿产资源一直是学界争论的焦点。我国《中华人民共和国矿产资源管理法》第二条规定:"在中华人民共和国领域及管辖海域勘查、开采矿产资源,必须遵守本法。"《矿产资源法实施细则》第二条明确指出:"矿产资源是指由地质作用形成的,具有利用价值的,呈固态、液态、气态的自然资源。矿产资源的矿种和分类见本细则所附《矿产资源分类细目》。新发现的矿种由国务院地质矿产主管部门报国务院批准后公布。"而《全国人大常委会法制工作委员会关于在河道、航道范围内开采砂石、砂金适用法律问题的再次答复》第一条也规定:"国营矿山企业在行洪、排涝河道和航道范围内开采砂石,既应执行水法第二十四条的规定,经河道主管部门批准或者经河道主管部门会同航道主管部门批准,同时也应执行矿产资源法第十三条的规定,由地质矿产主管部门颁发采矿许可证。"2007年国土资源部《关于加强海砂开采管理的通知》中也明确指出,"本规定指的海砂(砾)为不含其他金属矿产的普通天然石英砂(建筑、砖瓦用)。任何企业不得以开采建筑、砖瓦用类型海砂(砾)为名获取其他砂矿资源。"可见,虽然法律没有明文规定海砂是否属于矿产资源,但在上述法律规范中,海砂、河砂都是以矿产资源的名义来使用的。因此,本书认为,海砂、河砂无论在性质上还是法律地位上都属于非法采矿罪中的矿产资源。

其次,在非法采砂行为的认定中,还出现了此罪和彼罪的争议,主要体现为非法采砂行为是以非法采矿罪论处还是以盗窃罪论处。本书认为,非法采砂行为不宜以盗窃罪论处,理由如下:盗窃罪是指以非法占有为目的,以不为人知的方式窃取公私财物数额达到法定刑幅度或者三次以上窃取公私财物的行为。尽管盗窃罪的对象一般是公私财物,海砂是国家资源,应属于这一范畴。但是海砂同时也是矿产资源,并且处在海底自然状态的海砂应该属于不动产。1.盗窃罪的犯罪对象具有相对法定性,即法律未明确规定哪些财物属于盗窃罪的犯罪对象,但是却以法条明示的形式规定某些财物不能成为盗窃罪的犯罪对象,因而即使行为人的行为侵犯了这些特定对象,也不能以盗窃罪论处,而只能以刑法规定的其他犯罪论处。我国刑法理论认为自然资源不能成为盗窃罪的犯罪对象,行为人侵犯自然资源的,应依照《刑法》第六章第六节关于破坏环境资源保护罪的相关规定追究其刑事责任。例如,刑法第三百四十条规定的非法捕捞水产品罪,第三百四十三条非法采矿罪,第三百四十五条盗伐林木罪等。2.处在海底自然状态的海砂属于不动产,不动产不能成为盗窃罪的犯罪对象。我国民法把物分为动产和不动产,盗窃罪的对象只能是动产,不动产不能成为盗窃罪的对象,这一点虽然未被刑事立法所明确规定,但是却为我国刑法理论界的多数人所认同,在我国刑法理论界也基本上属于通论。同时,司法实践中也对不动产成为盗窃罪的对象持否定态度。3.盗采海砂行为侵犯的客体,不仅仅是盗窃罪的犯罪客体公私财物的所有权,还包括国家对矿产资源的管理制度和环境保护。因此,非法采砂行为不构成盗窃罪。

最后,根据已然之罪确立刑罚及其惩罚程度,追求罪罚之间的对等性，这是报应刑论一直追求的刑罚目的。非法采矿罪在执行中无法实现罪与罚的对等，达不到惩戒的目的，不能完整地实现刑罚的功能。一方面，非法采矿罪使用的刑种单一，包括：有期徒刑，拘役，管制和罚金，单位犯罪采取双罚，对单位处罚金，对个人处刑罚。这一刑种的设置缺乏资格刑的选择，如解散法人，逐出市场等，无法防止行为不进行重复犯罪的可能性，以至于避免不了当前屡禁不止反复发生的矿难；另一方面，非法采矿的法定刑幅度一直偏轻，非法采矿罪最高刑为 7 年，虽设置了罚金，但并没有明确罚金的数额或确定标准。实践中，徒刑偏低，罚金的数额常常远低于行为人所造成的矿产资源破坏的价值，违法成本与违法收益的巨大差距使得刑法根本无法实现刑罚的目的与功能，真正达到保护矿产资源的效果。

第六章

水上交通犯罪刑事责任追诉

刑事责任的追究是国家行政机关、司法机关依照我国《刑法》《刑事诉讼法》及散见于其他法律规范中的刑事责任条款来追究犯罪行为相应法律责任的活动。刑事责任的追究，贯穿于刑事责任的整个发展阶段，从案件的发现移送至刑事司法机关，到案件的审判完成，实现刑事责任，刑事责任的追究对于惩罚犯罪人、维护社会公平正义具有重要意义。就当前而言，我国已经建立了相对完备的刑事责任追究机制，但就水上交通犯罪而言，由于各种各样的原因，至今还没有一套行之有效的水上交通犯罪案件刑事责任追诉机制，导致在具体水上交通犯罪案件刑事责任的追究上，出现不少问题，主要体现在水上交通涉罪案件的移送及审判方面。

第一节 水上交通违法涉罪案件的移送

刑事案件的移送机制，是指行政执法机关办理行政违法案件中发现涉嫌犯罪的案件向刑事司法机关移送案件的具体操作程序、案卷材料及证据的活动流程和衔接制度。理论上讲，行政执法过程中发现的涉罪案件称为"行政犯"，此类案件如果要进入刑事追诉程序必须经由行政机关的移送，行政机关如果不移送案件，便阻断了案件的正常流程，使司法权落空，进而导致刑法的预防作用得不到发挥。在水上事故实际处理过程中，较少追究海上交通事故的刑事责任，不仅有立法上的问题，也因为考虑到海上的特殊风险，以及对于涉外因素的考虑，给追究海上交通事故的刑事责任带来了种种困难，所以一般以民事索赔和追究行政责任为终结。水上行政机关移送刑事司法机关处理追究刑事责任的情况通常出现在船舶碰撞后逃逸致人死亡的，或者是船舶碰撞致多人死伤和失踪社会影响恶劣的情形。对于其他业务过失类案件或者渎职类案件，只要没有人命的问题，移送司法机关给予刑事制裁者几乎未见。由于水上交通环境多变，水上交通的风险远远高于陆地，水上责任事故类案件的责任认定相对显得复杂得多，因而涉水行政执法过程中发现涉罪案件与移送涉罪案件都是一个比较棘手的问题。

一 水上交通违法涉罪案件移送的依据

当前规制我国水上交通违法涉嫌犯罪案件的法律规范主要有以下三个：2001 年《行政执法机关移送涉嫌犯罪案件的规定》[①]（以下简称《国务院 310 号令》）、2006 年最高检会同全国整规办、公安部、监察部发布的《关于在行政执法中及时移送涉嫌犯罪案件的意见》（以下简称《2006 移送意见》）以及 2012 年《交通运输部关于海事管理机构向交通公安机关移送涉嫌犯罪案件的规定》（以下简称《2012 移送规定》）。在出台《2012 移送规定》之前，我国海事管理机关主要以《国务院 310 号令》和《2006 移送意见》作为移送涉嫌犯罪案件所依据的法律依据，同时各省市又根据地方特点和自身情况制定了涉嫌犯罪案件的具体移送规定。

1. 《国务院 310 号令》的移送规定。第一，对于涉嫌犯罪案件移送的调查规定了专案组负责制："行政执法机关对应当向公安机关移送的涉嫌犯罪案件，应当立即指定 2 名或者 2 名以上行政执法人员组成专案组专门负责，核实情况后提出移送涉嫌犯罪案件的书面报告，报经本机关正职负责人或者主持工作的负责人审批。"第二，对于涉嫌犯罪案件移送的审批与决定，实行领导负责制："行政执法机关正职负责人或者主持工作的负

---

① 2020 年 8 月，国务院决定对《行政执法机关移送涉嫌犯罪案件的规定》作如下修改：

一、第三条增加一款，作为第二款："知识产权领域的违法案件，行政执法机关根据调查收集的证据和查明的案件事实，认为存在犯罪的合理嫌疑，需要公安机关采取措施进一步获取证据以判断是否达到刑事案件立案追诉标准的，应当向公安机关移送。"

二、将第十五条、第十六条、第十七条中的"行政处分"修改为"处分"。

三、增加一条，作为第十八条："有关机关存在本规定第十五条、第十六条、第十七条所列违法行为，需要由监察机关依法给予违法的公职人员政务处分的，该机关及其上级主管机关或者有关人民政府应当依照有关规定将相关案件线索移送监察机关处理。"

四、将第十八条改为第十九条，修改为："行政执法机关在依法查处违法行为过程中，发现公职人员有贪污贿赂、失职渎职或者利用职权侵犯公民人身权利和民主权利等违法行为，涉嫌构成职务犯罪的，应当依照刑法、刑事诉讼法、监察法等法律规定及时将案件线索移送监察机关或者人民检察院处理。"

责人应当自接到报告之日起3日内作出批准移送或者不批准移送的决定。"如果实践中发生了逾期移送、不予移送涉嫌犯罪案件或者以罚代刑的情况，那么该行政执法机关在很大程度上就成为了责任第一人，接受行政处分。构成犯罪的，将有可能以渎职罪（如徇私舞弊不移交刑事案件罪）被追究刑事责任。第三，关于涉嫌犯罪案件移送的时间，"行政执法机关正职负责人或者主持工作的负责人决定批准的，应当在24小时内向同级公安机关移送；决定不批准的，应当将不予批准的理由记录在案。"第四，关于涉案证据和案件材料的固定与保存："行政执法机关在查处违法行为过程中，必须妥善保存所收集的与违法行为有关的证据。对查获的涉案物品，应当如实填写涉案物品清单，并按照国家有关规定予以处理。对易腐烂、变质等不宜或者不易保管的涉案物品，应当采取必要措施，留取证据；对需要进行检验、鉴定的涉案物品，应当由法定检验、鉴定机构进行检验、鉴定，并出具检验报告或者鉴定结论。行政执法机关向公安机关移送涉嫌犯罪案件，应当附有下列材料：（一）涉嫌犯罪案件移送书；（二）涉嫌犯罪案件情况的调查报告；（三）涉案物品清单；（四）有关检验报告或者鉴定结论；（五）其他有关涉嫌犯罪的材料。"第五，关于移送案件的复议与监督："行政执法机关接到公安机关不予立案的通知书后，认为依法应当由公安机关决定立案的，可以自接到不予立案通知书之日起3日内，提请作出不予立案决定的公安机关复议，也可以建议人民检察院依法进行立案监督。"第五，关于逾期移送或不予移送涉嫌犯罪案件的责任，《国务院310号令》第十六条规定："行政执法机关违反本规定，逾期不将案件移送公安机关的，由本级或者上级人民政府，或者实行垂直管理的上级行政执法机关，责令限期移送，并对其正职负责人或者主持工作的负责人根据情节轻重，给予记过以上的处分；构成犯罪的，依法追究刑事责任。行政执法机关违反本规定，对应当向公安机关移送的案件不移送，或者以行政处罚代替移送的，由本级或者上级人民政府，或者实行垂直管理的上级行政执法机关，责令改正，给予通报；拒不改正的，对其正职负责人或者主持工作的负责人给予记过以上的处分；构成犯罪的，依法追究刑事责任。对本条第一款、第二款所列行为直接负责的主管人员和其他直接责任人员，分别比照前两款的规定给予处分；构成犯罪的，依法追究刑事责任。"第十七条规定了公安机关不作为的法律责任："公安机关违反本规定，不接受行政执法机关移送的涉嫌犯罪案件，或者逾期不作出立案或者不予立案的决定的，除由人民检察院依法实施立案监督外，由本级或者上级人民政府责令改正，对其正职负责人根据情节轻重，给予记过以上的处分；构成犯罪的，依法追究刑事责任。对前款所列行为直接负责的主管人员和其他直接责任人员，比照前款的规定给予处分；构成犯罪的，依法追究刑事责任。"为了明确向监察机关移送公职人员违法案件的情形和程序，第十八条规定："有关机关存在本规定第十五条、第十六条、第十七条所列违法行为，需要由监察机关依法给予违法的公职人员政务处分的，该机关及其上级主管机关或者有关人民政府应当依照有关规定将相关案件线索移送监察机关处理。"第十九条进一步明确了"行政执法机关在依法查处违法行为过程中，发现公职人员有贪污贿赂、失职渎职或者利用职权侵犯公民人身权利和民主权利等违法行为，涉嫌构成职务犯罪的，应当依照刑法、刑事诉讼法、监察法等法律规定及时将案件线索移送监察机关或者人民检察院处理。"

2.《关于在行政执法中及时移送涉嫌犯罪案件的意见》。2006年1月，最高检会同全国整规办、公安部、监察部发布了《关于在行政执法中及时移送涉嫌犯罪案件的意见》（以下简称《意见》）。该《意见》在《国务院310号令》的基础上增加了一些规定，如《意见》第一条，行政执法机关在查办案件过程中，对符合刑事追诉标准、涉嫌犯罪的案件，应当制作《涉嫌犯罪案件移送书》，及时将案件向同级公安机关移送，并抄送同级人民检察院。对未能及时移送并已作出行政处罚的涉嫌犯罪案件，行政执法机关应当于作出行政处罚十日以内向同级公安机关、人民检察院抄送《行政处罚决定书》副本，并书面告知相关权利人。现场查获的涉案货值或者案件其他情节明显达到刑事追诉标准、涉嫌犯罪的，应当立即移送公安机关查处。《意见》第二条赋予了社会对行政执法机关监督和举报的权利，任何个人或单位发现存在行政执法机关不按照规定移送涉嫌犯罪案件给公安机关的情形，有权向人民检察院、公安机关、监察机关或上级行政执法机关举报，公安机关、人民检察院、监察机关或者上级行政执法机关应当根据有关规定及时处理，并向举报人反馈处理结果。《意见》第十条规定，行政执法机关对案情复杂、疑难、性质难以认定的案件，可以向公安机关、人民检察院咨询，公安机关、人民检察院应当认真研究，在七日以内回复意见。对有证据表明可能涉嫌犯罪的行为人可能逃匿或者销毁证据，需要公安机关参与、配合的，行政执法机关可以商请公安机关提前介入，公安机关可以派员介入。对涉嫌犯罪的，公安机关应当及时依法立案侦查。此外，各省市海事管理机构还曾根据地方特点各自制定了内部移送涉嫌犯罪案件的程序规定，这些规定也都参考《国务院 310 号令》和 2006《意见》，具体内容也都大同小异，在此不做赘述。

3.《交通部 343 号令》对《国务院 310 号令》及 2006《意见》的补充与完善。如前所述，《国务院 310 号令》对移送案件的程序、时限、责任等作了明确规定。《意见》在其基础上又进行了适当的补充，增加了行政相对人权利的规定和公安机关提前介入的情形等。2012 年《交通部 343 号令》是在以上述文件为其蓝本的基础上制定，在涉嫌犯罪案件的移送主体和接受主体的范围上较前两者都要小得多，并且呈现出行业化的特点。第一，《交通部 343 号令》第二条规定确定了海事管理机构和交通公安机关的概念和范围："本规定所称海事管理机构，是指交通运输部各直属海事管理机构；所称交通公安机关，是指交通运输部所属海事公安、港口公安、长航公安、黑航公安等各级交通公安机关。"第二，《交通部 343 号令》第三条明确了交通公安机关优先移送的原则："海事管理机构在依法查处违法行为过程中，发现违法行为涉嫌构成犯罪，根据刑法、刑诉法及相关司法解释，需要追究刑事责任的，应当依法向交通公安机关移送，交通公安机关应当受理。未设置交通公安机关的，向有管辖权的公安机关移送，必要时交通公安机关应当予以协助。"可见，这一条文直接明确了交通公安机关优先移送的原则。第三，《交通部 343 号令》再次确定了合法、及时、高效、配合原则以及就近、同级移送的原则："海事管理机构向交通公安机关移送涉嫌犯罪案件，一般按照就近和同级移送的原则进行。海事管理机构内部设有海事公安机关的，向海事公安机关移送；长江、黑龙江海事管理机构分别向长航、黑航公安机关移送；其他水域的案件，向就近的交通公安机关移送。管辖不明确的，报请交通运输部海事局商部公安局指定管辖。"第四，确定了海事管理机构依法移送的案件种类包括交通肇事案（《刑法》第一百三十三条），重大责任事故案（《刑法》第一百三十四条），危险物品肇事案（《刑法》第一百三十六条），非法制造、买卖、运输、储存危险物质案（《刑法》第一百二十五条），伪造、变造、买卖国家机关公文、证件、印章案件（《刑法》第二百八十条第一款），出售出入境证件案（《刑法》第三百二十条），严重污染环境案（《刑法》第三百三十八条）以及其他涉嫌犯罪依法需要移送的案件。第五,关于涉嫌犯罪案件移送与管辖:"海事管理机构内部设有海事公安机关的,向海事公安机关移送;长江、黑龙江海事管理机构分别向长航、黑航公安机关移送;其他水域的案件,想就近的交通公安机关移送。管辖不明确的,报请交通运输部海事局商部公安局制定管辖。"最后,关于责任条款,《交通部343号令》用第二十一条、第二十二条、第二十四条予以规定。

二 水上交通涉罪案件移送的实证考察

在地方保护与行业保护等经济利益驱动之下,行政权力与司法权力的博弈日益突出,以罚代刑虽不是最好的处理方式,但是毕竟也属于国家公权力对经济活动的管控,加之行政违法涉罪案件在本质上又属于法定犯,社会危害后果缺少直观性与广泛性,因而这一问题一直没有得到国家的重视。直到2001年国务院就颁布了《关于行政机关移送涉嫌犯罪案件的规定》(以下简称《规定》),从此才产生了行政违法涉罪案件向司法机关移送的硬性要求。《规定》第三条明文指出:"行政执法机关在依法查处违法行为过程中,发现违法事实涉及的金额、违法事实的情节、违法事实造成的后果等,根据刑法……涉嫌构成犯罪,依法需要追究刑事责任的,必须依照本规定向公安机关移送。"为了保障行政违法涉罪案件的移送在实践中切实得到充分的落实,该《规定》又从反面进行了封堵,第十六条第二款又要求:"行政执法机关违反本规定,对应当向公安机关移送的案件不移送,或者以行政处罚代替移送的,由本级或者上级人民政府,或者实行垂直管理的上级行政执法机关,责令改正,给予通报;拒不改正的,对其正职负责人或者主持工作的负责人给予记过以上的处分;构成犯罪的,依法追究刑事责任。"直至今天,国内违法涉罪案件的移送情况并不乐观,我国在食品安全、水上交通安全及环境安全等领域的行政违法涉罪案件鲜有移送的先例,除去执法者本身的法治理念之外,监管层面也是问题频出,《刑法》以修正案的形式增加了诸如"食品监管渎职罪""环境监管失职罪""放纵走私罪"等,但是都没有从本质上解决问题。

依据我国《刑法》第一百三十三条的规定,交通事故导致人员死亡通常作为追究肇事者刑事责任的事实依据,但是这一条用在水上交通领域却出现诸多的困难。与陆路的车辆事故不同,船舶碰撞翻沉或自沉事故的起因相对复杂,天灾与人祸很难鉴别,因果关系的疏理工作需要大量的航运技术支持，如果不懂航海技术和水上运输管理制度，刑事诉讼所需要的逻辑进程和证据链条基本上无法设置与提炼。囿于上述原因，目前我国海事违法涉罪案件的刑事司法追诉率不到两位数字。通过对我国海事行政执法部门的实地调研①，发现了我国水上交通违法涉罪案件移送主要呈现出以下特点：

1. 水上交通违法涉嫌犯罪案件移送数量占整个处理案件数的比率小。近年来，通过海事管理机构移送司法机关查办的犯罪案件移送数量呈上升趋势，但从整体上来讲，水上违法犯罪案件移送数量还是偏少，案件移送数量占整个案件处理数量的比率非常小。以我国某省为例，当地海事管理机构自5年间共处理水上交通事故313起，事故共计造成人员死亡156人，失踪49人，重伤7人，泄漏油类642.65吨。然而移送司法机关的只有4起，得到刑事判决的仅有2起，移送案件数量仅占涉罪案件数量的1.27%。

2. 伪造证件类案件移送多，事故类案件移送少。在海事管理机构移送司法机关处理的案件中，伪造海事证件类的案件所占比例较大。这类案件发案数较高，但是移送司法机关追究刑事责任并受到刑事制裁的比率也很高，仅某市海事管理机构5年里就处理伪造、变造、买卖国家机关公文、证件、印章罪类案件39起。② 因为其案情相对简单，证据也易于掌握，所以基本上都能做到及时移送，及时处理。其次是破坏交通设施类案件。这类案件多以侵占、破坏航道或者航道设施为表现形式，如破坏灯塔、灯桩、灯浮及无线电指向标等各类航标，盗窃航道设施蓄电池等，给船舶航行带来极大的安全隐患。这类案件和伪造证件类案件一样，一旦破获，刑事追诉也比较容易。但对于事故类案件，由于定性困难，行业影响较大，在侦办此类案件时，海事管理机构也面临较大压力，在案件移送方面做的就不够规范，事实上，海事管理机构所查办的案件，事故类案件的比例并不小，对水上人命、财产安全构成严重威胁的，也往往是事故类案件，但是涉罪案件移送上却屈指可数。渎职类案件的移送更是鲜见。

3. 主动移送案件少，被动移送案件较多。根据海事管理机构移送司法机关查处的案件情况看，在已移送处理的案件中，主动移送的案件较

---

① 本课题组自成立后已实地调研、走访20多个涉海机构，完成全国海事行政执法问卷调查和海事违法涉罪案件问卷调查。

② 所有数据均来自课题组实地调研和调查问卷。

少，有一定数量的案件都是由于社会影响太大，或者在案件处理中遇到了一定麻烦、阻力时或者是其他的什么原因时，才主动移送，寻求司法机关的支持。

4. 移送处理的案件超时限处理的较多。在水上违法涉罪移送处理的案件中，由于种种原因，绝大多数案件都得不到及时处理，从而在感知上形成了处理的少，不处理的多。

三 水上交通涉罪案件移送困难的实证分析

行政权与司法权的博弈在水上交通领域表现得比较复杂，以海事管理机构为例，由于陆上公安机关不通晓对航运知识，对海事机关的事故调查报告及提取的证据都存在认识偏差，因此时常会出现海事机关移送案件公安机关不愿意接受的情况，致使海事机关左右为难。对行政相对人来讲，行政处罚代替刑事处罚似乎是一种向善的力量左右了公权力，而对于社会来讲，以罚代刑封闭了国家司法环节的案件源头，则是国家管控的脱节与缺位。实践中，水上交通涉嫌犯罪案件移送困难的问题仍然没有得到解决，究其原因，既有航运管理特色与我国立法、司法制度衔接不畅的问题，也有执法人员法律认识的差异等问题。一是水上案件具有特殊性，专业性要求较高；二是水上案件的移送手续繁琐，中间环节较多；三是办理水上案件移送交接的执法工作人员态度消极，以各种理由推诿的现象仍然有所存在；四是案件调查取证工作做得不够完善，对一些案件的关键证据未有效地进行转化和固定，导致案件在定性处理时出现反复。此外，在水上交通行业内有一个不成文的认识：船员职业风险大，如果按照陆上的入刑标准追究刑事责任，便是对船员的不公平，因而个别海事管理机构在执法中提高了入罪的门槛，比如案发于陆上的交通肇事罪以死亡1人或重伤3人作为入罪的标准，而海事机关却把死亡人数提高至3人。[①] 最后，海事系统内部对海事违法犯罪的主观罪过形式、共同犯罪的认定标准、渎职犯罪的入罪标准也都有不同的认识。

1. 刑事追诉标准的不确定性是案件司法移送的前置障碍

实践中，海事执法人员普遍反响最为激烈的一个问题便是移送的案件

---

① 笔者认为，提高入罪门槛的做法看似违背了罪刑法定原则，但是海上运输的风险在客观上确实远远高于陆地，通过立法上或司法解释解决这一问题十分必要。

不被接受，公安机关多以证据不足，不符合立案条件为由拒绝接受案件，个别情况下即使公安机关接受案件并立案了，检察院又多以证据不足，不符合起诉条件为由将案件退回公安机关，进而撤销案件。这种情况几乎在所有只能移送地方公安的海事执法部门都存在[①]。追本溯源，是各行政、司法部门对于刑事追诉标准的界定认识不一。

（1）涉罪案件移送标准、立案标准和起诉标准的混同

《规定》指出，涉嫌犯罪案件移送标准是"根据刑法……涉嫌构成犯罪，依法需要追究刑事责任"。只要有可能构成我国刑法规定的犯罪并需要追究刑事责任的就应当移送。《中华人民共和国刑事诉讼法》（以下简称《刑诉法》）第一百一十条规定了我国刑事立案标准是"有犯罪事实需要追究刑事责任"。第六十六条进一步明确了公安机关移送审查起诉的标准为"犯罪事实清楚，证据确实充分"。而《刑诉法》《公安机关办理刑事案件程序规定》《人民检察院刑事诉讼规则》对于移送审查起诉和起诉标准均界定为"犯罪事实清楚，证据确实充分"。可见，刑事诉讼活动对于移送标准、立案标准和起诉标准的界定是不同的，对犯罪事实认定和证据证明力的要求随着刑事诉讼活动的不断推进也越来越严格，而行政执法机关移送案件的标准是只要其认为涉嫌构成犯罪就可移送而不是必须构成犯罪才能移送。但是，实务中检察机关往往用是否符合起诉标准来要求公安机关，公安机关又用起诉标准来倒逼海事执法机关，即要求海事执法移送涉罪案件要做到"犯罪事实清楚，证据确实充分"，如此，不仅有违立法规定，案件移送困难也不言而喻。

另外，海事行政机关为了满足"犯罪事实清楚，证据确实充分"的高标准要求，就必须进行案件"侦查"。但众所周知，海事执法人员没有侦查权，也就没有办法对涉罪案件当事人采取刑事强制措施。因而在海事事故调查中，对于涉罪案件的处理，除了第一时间通报于公安机关，并积极调查取证外，能够做的实在有限。公安机关即使接手案件也往往因为海事专业知识的匮乏在责任认定上和证据收集保存方面凸显劣势，还得依赖

---

① 交通公安，是指交通运输部所属海事公安、港口公安、长航公安、黑航公安等各级交通公安机关。海事管理机构中的交通公安指上海、天津和广州三个海事公安，可以直接受理涉嫌犯罪案件并立案侦查，其余海事管理机构对于违法涉罪案件的移送大多只能按照"就近原则"移送至地方公安。

于海事调查报告和结论。"有侦查能力的没有侦查权，有侦查权的却没侦查能力"的现实情况已然成为制约海事涉罪案件移送的藩篱。

（2）现行立案标准难以适用于水上交通犯罪

刑事立案标准，是指公安机关、人民检察院发现犯罪事实或者犯罪嫌疑人，或者公安机关、人民检察院、人民法院对于报案、控告、举报和自首的案件信息，以及自诉人起诉的案件材料，按照各自的管辖范围进行审查后，决定是否作为刑事案件进入刑事司法程序进而进行侦查起诉或者审判所依赖的客观事实标准。应当注意区分的是，刑事立案标准和刑事犯罪定罪标准不可同日而语。刑事犯罪定罪标准，是指人民法院据以认定犯罪嫌疑人构成犯罪的犯罪构成要件和要素以及其他犯罪主客观方面的酌定情节，其中既包括犯罪构成客观方面的要件和要素，也包括犯罪主体的法定要求和犯罪主观方面的罪过形式，以及犯罪嫌疑人的悔罪表现、犯罪受害人的谅解情况等等。一般情况下，刑事立案标准是由我国侦查机关和检察机关共同设定的，其内容主要包括客观事实情节，人身伤亡情况和财产损失数额。

水上交通犯罪的刑事立案标准是公安机关判断刑事案件是否成立的初始标准，也是海事执法机构判断案件是否涉嫌犯罪进而移送案件的重要依据。目前，我国并没有明确的关于水上交通犯罪的立案标准。最高人民检察院、公安部于 2008 年、2010 年及 2012 年分别颁布了三个《关于公安机关管辖的刑事案件立案追诉标准的规定》（以下简称《立案标准规定》）[①]，为刑事立案划定了严格的标尺。然而，实践中该立案标准在海上的司法适用性存在诸多问题，导致海事执法部门对案件是否属于"应当移送的涉嫌犯罪案件"的判断上举棋不定，影响了涉罪案件的移送。

我国的刑事立法长期存在"关注陆地，忽略海洋"的状况，刑法理论研究也都多围绕陆上犯罪展开，直接导致依托"黄土文化"的现行刑事法律规范适用于水（海）域犯罪时，频现"水土不服"。如前所述，我国现行刑法第一百三十三条规定了交通肇事罪的规定、第一百三十一条规

---

① 分别是 2008 年《关于公安机关管辖的刑事案件立案追诉标准的规定（一）》、2010 年《关于公安机关管辖的刑事案件立案追诉标准的规定（二）》、2011《关于公安机关管辖的刑事案件立案追诉标准的规定（二）的补充规定》以及 2012《关于公安机关管辖的刑事案件立案追诉标准的规定（三）》。

定了重大飞行事故罪、第一百三十二条规定了铁路运营安全事故罪，却没有规定关于水上船舶肇事的罪名。此种情况下，为了将水上船舶肇事纳入刑罚体系，我们使第一百三十三条交通肇事罪的主体限定在除航空人员、铁路人员以外的从事交通运输（水上、公路等）的人员及其他非从事交通运输但与保障交通运输安全有直接关系的人员，从而在法律适用中认定刑法第一百三十三条包含了水上交通肇事罪，可以依次惩处水上船舶肇事的犯罪行为。然而，我国现行法律中没有适合水上交通肇事罪的定罪标准，《刑法》和《立案标准规定》中只有关于交通肇事罪的规定，对于具有高度专业性、复杂性的水上交通运输业，并没有专门的司法解释。2000年11月10日《最高人民法院关于审理交通肇事刑事案件具体应用法律若干问题的解释》在明确了交通肇事具体应用的法律问题之时，对其危害后果进行了具体描述，包括"人员死伤"的标准、"重大损失"的标准等，不仅遗漏了人员失踪这一后果，而且其内容明显是主要针对公路交通肇事罪，并没有明确指明是否涵盖水上交通肇事。尤其是对该解释第二条第二款规定六种情形的描述，完全是针对公路交通运输来进行解释的，失之于狭，直接造成了实务部门在实践中对水上交通肇事案件的立案标准难以把握，导致追究刑事责任相对困难，更有可能放纵了犯罪。刑法中对于事故类犯罪一般从事故后果来考量，如交通肇事罪、重大责任事故罪、强令违章冒险作业罪、重大劳动安全事故罪等，考量因素无非是人员伤亡和财产损失；而在海事执法工作中，常常还要面临这样一种复杂的危害后果——人员失踪，这也是陆路交通事故中所不可能发生的。依据现行刑事立案标准，交通肇事致人死亡是独立的法定犯罪结果，"死亡一人或者重伤三人以上，负事故全部或者主要责任"即达到入罪标准，"人员失踪"却没有作为法定的犯罪后果被刑法确认。[①] 致人失踪如何认定直接关涉能否入罪的问题，但由于目前没有定论直接影响了涉罪案件的移送。可见，交通肇事案件的立案标准仍是偏重于道路交通运输而定，对于水上交通肇事案件只具备参照性，可操作性不强，这就难以及时、有效地打击、遏制现行的水上交通犯罪活动。

水上交通犯罪专门的刑事立案标准的缺失直接影响了水上交通事故涉

[①] 参见赵微、王慧《水上交通事故"人员失踪"的刑法定性研究》，《苏州大学学报》（哲学社会科学版）2013年第1期。

嫌犯罪案件的执法工作。就目前而言，我国负责水上交通事故案件调查的是海事管理机构的海事调查官。根据《海事调查官管理规定》，海事调查官是指从事水上交通事故调查工作的人员。然而，海事调查官在海事管理系统内并非是专门的职位，而是由海事行政执法人员兼任。一方面，从业务范围来看，兼任海事调查官的执法人员通常为非专门法律职业出身的人员，同时由于海事调查极强的专业性和技术性，要求海事行政执法人员必须具备涉及船舶操纵、船体结构、水文气象等专业性知识，只有具备这些专业知识的行政人员才能胜任海事调查工作；另一方面，水上交通案件是否涉移送司法机关，就要求水上行政执法人员对案件的定性进行准确把握，涉嫌构成犯罪，依法需要追究刑事责任的，向公安机关移送。① 由我国非刑事法律规范中的附属刑事责任条款特点所决定，非刑事法律规范和我国刑法并不是一一对应的，因此"构成犯罪的，依法追究刑事责任"和具体的罪名并不能很好的衔接。因此，作为事故调查主体的海事调查官不仅需要专业上进行船舶事故责任的界定，还要掌握水上交通事故的立案标准，该事故是否构成犯罪，涉嫌构成哪类犯罪，这对于兼职的海事调查官无疑是一种挑战。这一挑战要求兼职海事调查官的行政执法人员不仅具备海事专业知识，还要具备相应的法律知识，能够区别行政违法行为和犯罪行为，准确把握案件的定性问题。就目前而言，这一要求是不现实的，因而，从水上交通事故的办案人员来讲，移送涉嫌犯罪案件存在技术层面的障碍。

（3）事故等级、责任区分、财产数额的认定在海、陆事故类犯罪中存在差异

在事故类犯罪中，事故的等级、主体责任的划分对于犯罪认定具有重

---

① 2001年《行政执法机关移送涉嫌犯罪案件的规定》第三条规定："行政执法机关在依法查处违法行为过程中，发现违法事实涉及的金额、违法事实的情节、违法事实造成的后果等，根据刑法关于破坏社会主义市场经济秩序罪、妨害社会管理秩序罪等罪的规定和最高人民法院、最高人民检察院关于破坏社会主义市场经济秩序罪、妨害社会管理秩序罪等罪的司法解释以及最高人民检察院、公安部关于经济犯罪案件的追诉标准等规定，涉嫌构成犯罪，依法需要追究刑事责任的，必须依照本规定向公安机关移送。" 2006年最高检会同全国整规办、公安部、监察部发布的《关于在行政执法中及时移送涉嫌犯罪案件的意见》第一条也规定："行政执法机关在查办案件过程中，对符合刑事追诉标准、涉嫌犯罪的案件，应当制作《涉嫌犯罪案件移送书》，及时将案件向同级公安机关移送，并抄送同级人民检察院。"

要作用，关涉罪与非罪、罪重罪轻的界定，然而我国《刑法》和《立案标准规定》中对于事故等级、责任区分财产损失的标准和国际、国内海事事故分级标准、责任区分均有所不同。不同的事故认定标准却又适用相同的入罪标准，在海事执法与刑事司法衔接过程中难免出现问题。

道路交通事故分为财产损失事故、伤人事故和死亡事故，2011年公安部《关于修订道路交通事故等级划分标准的通知》，将道路交通事故分为四类：（一）特大事故，是指一次造成死亡3人以上，或者重伤11人以上，或者死亡1人，同时重伤8人以上，或者死亡2人，同时重伤5人以上，或者财产损失6万元以上的事故。（二）重大事故，是指一次造成死亡1人至2人，或者重伤3人以上10人以下，或者财产损失3万元以上不足6万元的事故。（三）一般事故，是指一次造成重伤1人至2人，或者轻伤3人以上，或者财产损失不足3万元的事故。（四）轻微事故，是指一次造成轻伤1人至2人，或者财产损失机动车事故不足1000元，非机动车事故不足200元的事故。2014《道路交通事故处理程序规定（征求意见稿）》第六十条："公安机关交通管理部门应当根据当事人的行为对发生道路交通事故所起的作用以及过错的严重程度，确定当事人的责任。" 2014《道路交通事故处理程序规定（征求意见稿）》第六十条根据当事人的行为对发生道路交通事故所起的作用以及过错严重程度来确定当事人的责任。（一）因一方当事人的过错导致道路交通事故的，承担全部责任；（二）因两方或者两方以上当事人的过错发生道路交通事故的，根据其行为对事故发生的作用以及过错的严重程度，分别承担主要责任、同等责任和次要责任；（三）各方均无导致道路交通事故的过错，属于交通意外事故的，各方均无责任。一方当事人故意造成道路交通事故的，他方无责任。从事故等级来看，只有造成特大事故或者重大事故的危害后果才能成立交通肇事罪；从责任认定来看，只有负事故全部责任、主要责任或同等责任的情况下才能成立交通肇事罪。而水上交通事故分为碰撞事故、搁浅事故、触礁事故、触碰事故、浪损事故、火灾、爆炸事故、风灾事故、自沉事故、操作性污染事故以及其他引起人员伤亡、直接经济损失或者水域环境污染的水上交通事故。由海运行业的高保险特点所致，海上搁浅事故、触礁事故、浪损事故等即使造成经济损失较大，只要没有涉及人命安全，一般不会纳入刑法的调整范围。按照人员伤亡、直接经济损失或者水域环境污染情况等要素，2014年《水上交通事故统计办法》第六条将水上交通事故分为以下等级：（一）特别重大事故，指造成30人以上死亡（含失踪）的，或者100人以上重伤的，或者船舶溢油1000吨以上致水域污染的，或者1亿元以上直接经济损失的事故；（二）重大事故，指造成10人以上30人以下死亡（含失踪）的，或者50人以上100人以下重伤的，或者船舶溢油500吨以上1000吨以下致水域污染的，或者5000万元以上1亿元以下直接经济损失的事故；（三）较大事故，指造成3人以上10人以下死亡（含失踪）的，或者10人以上50人以下重伤的，或者船舶溢油100吨以上500吨以下致水域污染的，或者1000万元以上5000万元以下直接经济损失的事故；（四）一般事故，指造成1人以上3人以下死亡（含失踪）的，或者1人以上10人以下重伤的，或者船舶溢油1吨以上100吨以下致水域污染的，或者100万元以上1000万元以下直接经济损失的事故；（五）小事故，指未达到一般事故等级的事故。事故责任分为全部责任、主要责任、对等责任、次要责任。如果仅从事故后果来考量的话，水上交通事故除了小事故以外，都可被纳入刑法中。即使事故造成1人死亡或者3人重伤，在《水上交通事故统计办法》中只能算是一般事故；从责任认定来看，负事故全部责任、主要责任或对等责任就有可能涉嫌交通肇事罪。

在事故导致财产损失数额标准上，海事执法人员无一例外地认为应当进行海、陆区分，海上财产损失起刑点应当高于陆上财产损失起刑点，所以实践中海事执法人员很难依据现行法律规定进行涉罪案件的认定和移送。一般而言，在公路上驾驶机动车辆发生碰撞事故的财产损失少则几百上千元，多则几十万元，根据我国《刑法》及相关规定，机动车辆碰撞事故的肇事一方无力赔偿达到30万元损失的，就可成立交通肇事罪。而在海上交通运输领域，船舶作为主要交通运输工具不仅自身价值远高于车辆，运输装载货物的数量也远胜于机动车，一旦发生船舶碰撞事故，财产损失少则几十万元，多则几百万甚至几千万元。但这一财产标准适用于水上交通肇事情形时，恐怕没有能逃过刑事制裁的。如果按照交通肇事罪的财产数额入罪标准，船舶碰撞所致财产损失达到入罪标准毋庸置疑，这无疑扩大了犯罪圈的适用，既有违刑法的谦抑性原则，也会失去法律应有的公允。

综上，在没有特别法条的规定下，两种存在巨大差异的事物却被同样的规范标准来进行调整显然是不妥当的，立法的缺位和司法适用的不确定导致执法司法人员在入罪门槛上存在争议，无疑阻碍了涉罪案件移送工作。

2. 移送规范的粗放性是案件移送的程序障碍

涉嫌犯罪案件移送程序的粗放化是海事行政执法与刑事司法衔接不畅的桎梏所在。相较于我国行政实体法长期秉持的扩张之势，行政程序法一直以来相对薄弱，从而阻滞了行政执法和刑事司法的顺利衔接，突出表现为犯罪证据缺乏合理对接、定罪标准难以保持统一以及证据移交缺乏有效规制等具体问题。[①] 关于定罪标准前文已有相关论述，这里我们着重就证据的对接、运用等问题进行详细阐述。

(1) 犯罪证据缺乏有效对接

《刑诉法》第五十二条第二款明确指出："行政机关在行政执法和查办案件过程中收集的物证、书证、视听资料、电子数据等证据材料，在刑事诉讼中可以作为证据使用。"这是立法层面对犯罪证据对接的表述，明确了行政机关的执法证据在刑事诉讼中使用的法律地位。即行政执法机关在执法过程中收集保存的案件材料，一旦因所涉案件涉嫌犯罪而移送，该案件材料就成为了刑事诉讼证据材料的来源。然而，行政违法证据并不一定就是犯罪证据，只有满足了刑事司法证据要求，才可以作为犯罪证据使用。基于此，海事管理机构在其行政执法过程中收集和保存的行政证据只要符合刑事诉讼证据标准，依法就可以作为刑事证据使用。

然而，由于行政执法和刑事司法分属不同的法律范畴，在证据的收集主体、证据的表现形式、调查的目的、程序要求等方面存在差异，因而证据标准也有所不同。行政机关在执法过程中，对于所涉案件是否达到犯罪标准，是否会进入刑事诉讼程序尚不知情，自然无法或者不应当会按照刑事诉讼的规定和标准来收集、保存证据，只能依照法律、法规规定的行政机关执法办案标准和规定来收集、保存证据。[②] 因此，这类行政执法证据要转化为犯罪证据适用，实现行政执法与刑事司法证据的有效对接，证据标准的确定就是关键，犯罪证据对接的核心就是行政执法机关证据移送标

[①] 黄福涛：《论行政责任之实现》，《犯罪与行政违法行为的界限及惩罚机制的协调》，北京大学出版社 2008 年版，第 156 页。

[②] 陆建军、陈茹英：《行政执法证据与刑事司法证据衔接须解决三个问题》，《人民检察》2014 年第 19 期。

准和公安司法机关证据采纳标准的对接。但是，无论是立法还是司法实践，都没有明确区分证据移送标准和证据采纳标准。于行政执法机关而言，在执法过程中只要发现案件涉嫌犯罪，有关该案的证据材料就应当一并移交公安司法机关，此时的证据标准就是一般证据标准，即"客观性、关联性和合法性"。而由于前述公安司法机关对于定罪标准认识的混同，行政证据能否进入刑事诉讼活动，公安司法机关的审查标准不仅要求具备证据的"客观性、关联性和合法性"，还要能够满足"证据确实、充分"的具体要求。同时，对于移送证据的审查主体为公安机关、人民检察院和法院，唯独没有行政执法机关，因而行政证据要取得刑事诉讼证据资格，必须经过公安司法机关的证据审查或者由公安机关重新依法收集证据。

实践中，海事行政违法案件的证据材料大都需要海事领域专业技术人员运用专门的方法、技术才能收集、固定，而这些证据很大程度上足以影响缺乏海事专业背景的刑事司法人员"对行政犯罪行为的认定、证据的专业性把握以及在侦破案件的'黄金时间'作好证据的收集保全工作"①。同时，由于海域环境的特殊性，案发现场的变化性所致，证据的收集保存相较于陆上更为困难，海事行政机关及时收集和固定证据对于案件正确处理就显得尤为重要。因此在将涉嫌犯罪的案件移送给公安机关之前，海事管理机构往往已将对案件定性具有重要决定意义的实物证据（如船舶）进行扣押，如果按照全盘否定、推倒重来的方式再去收集时，就有可能失去部分证据或者这部分证据已经不可能重新收集和扣押了。因此，僵化的按照"证据确实、充分"的标准去审查海事执法证据，就必然影响犯罪证据的有效对接。实践中，公安司法机关对于海事行政执法证据的审查标准，已然成为决定其能否立案并进一步推进刑事诉讼活动的关键。

（2）关键性证据制作期限制约刑事诉讼推进

立案是启动刑事责任追究程序的第一步，案件材料作为立案的依据，是决定案件能否进入刑事诉讼程序的关键。海事犯罪案件立案的材料来源主要来自海事管理机构的执法证据材料，但由于海事调查专业技术的限制使得作为证明案件主要事实证据材料的《海上交通事故调查报告书》《水上交通事故责任认定书》，在证据制作期限上难以满足我国《刑诉法》关

---

① 陈宝富、陈邦达：《行政执法与刑事司法衔接中检察监督的必要性》，《法学》2008年第9期。

于证据移交时限的规定，这不仅制约涉嫌犯罪案件能否及时立案，也影响着后续刑事诉讼活动的正常推进。

依据《规定》，行政执法机关对应当向公安机关移送的涉嫌犯罪案件，经本机关正职负责人或者主持工作的负责人决定批准移送的，应当在24小时内向同级公安机关移送。行政执法机关向公安机关移送涉嫌犯罪案件材料包括涉嫌犯罪案件移送书、涉嫌犯罪案件情况的调查报告、涉案物品清单，有关检验报告或者鉴定结论以及其他有关涉嫌犯罪的材料。公安机关必须自接受移送案件之日起3日内对案件进行审查。我国《刑诉法》对于刑事立案期限并没有明确规定，2015年11月6日公安部印发的《公安部关于改革完善受案立案制度的意见》中首次对刑事案件立案、受案期限做出规定："刑事案件立案审查期限原则上不超过3日；涉嫌犯罪线索需要查证的，立案审查期限不超过7日；重大疑难复杂案件，经县级以上公安机关负责人批准，立案审查期限可以延长至30日。法律、法规、规章等对受案立案审查期限另有规定的，从其规定。决定不予受案立案后又发现新的事实证据，或者发现原认定事实错误，需要追究行政、刑事责任的，应当及时受案立案处理。"一旦公安机关立案后，行政执法机关应当自接到立案通知书之日起3日内将涉案物品以及与案件有关的其他材料全部移交公安机关。《交通部规定》第九条指明海事管理机构移送涉嫌犯罪案件，应当根据国务院《规定》的时限移送。2012年《交通运输部关于海事管理机构向交通公安机关移送涉嫌犯罪案件的规定》（以下简称《交通部规定》）第十条明确了海事管理机构向交通公安机关移送涉嫌犯罪案件应当附有下列材料：（一）《涉嫌犯罪案件移送书》；（二）涉嫌犯罪案件情况的书面说明；（三）《涉案物品清单》；（四）海事调查报告、有关检验报告或者鉴定结论；（五）其他有关涉嫌犯罪的材料。需要注意的是，《交通部规定》第十条同时指明：海事调查报告等不能在移送时附上的，可先行附上草案并在形成报告后及时补送。该条规定实质上是赋予了海事管理机构逾期补充移送海事调查报告的权限，主要原因是基于海事调查报告的特殊性。

海事调查工作主要是在查明事故原因的基础上解决事故各方责任主次的问题，并通过《海上交通事故报告书》的形式确认这种责任分担。《海上交通事故报告书》对海事双方责任的认定是海事仲裁、海事民事审判、海事行政处罚、海事刑事审判的法律依据，实质性地影响了当事人双方的权利、义务；由于"证据规则"确定的行政机关行政公文证据效力优先原则，使海事管理机关出具的《海上交通事故认定书》在海事民事、海事刑事审判中具有相对于其他证据的优先力。它既可以作为海事法院在案件审理中的诉讼证据，在海上交通肇事刑事案件中，《海上交通事故报告书》也是肇事者承担刑事责任的前提条件和重要证据。① 无论从立法层面还是司法实践，海事调查都不同于一般意义上的刑事侦查，刑事诉讼中立案的期限和立案后证据材料的移送期限都是比较短的，而海事案件由于其自身的特点，案件材料在收集、保存和制作环节都比上述期限要长，尤其是《海上交通事故报告书》，既要通过海事调查查明事故原因，还要在调查结论的基础上判明事故各方的责任，制作周期最长不得超过 6 个月。海事涉嫌犯罪案件证据材料的移送自然难以满足刑事诉讼时限的要求。即使《海上交通事故报告书》可后期补送，但对刑事诉讼进程的按时推进也是有不利影响，单独设立海上犯罪刑事诉讼特别程序势在必行。

实践中，公安机关介入水上交通犯罪案件相对滞后。究其原因，主要在于公安机关不是水上交通肇事的责任认定主体，这直接决定了公安机关侦查的被动性和实施侦查的艰难性。由于水域环境的流动性和不可复制的特点，发生水上的交通事故后证据提取和固定都不能与陆路交通事故相提并论，水上交通事故的造成的损失也不是陆路交通事故所能比拟的，及时介入案件就显得尤为重要。在水上交通违法涉罪案件中，责任认定主体是"海事管理机构"。根据《中华人民共和国内河交通安全管理条例》的规定，内河交通安全监督管理的主体是海事管理机构，内河水上交通事故由海事管理机构负责调查处理，公安机关没有管辖权。根据《国务院 310 号令》，只有当海事管理机构经对水上交通事故调查取证认为构成犯罪并移送公安机关时，公安机关才能依法立案侦查。要改变这种状况，就必须从行政执法机关移送涉嫌犯罪案件这一源头抓起。如果海事管理机构发现不了或不移送涉嫌水上交通肇事犯罪案件，公安机关无法也无权进行侦查。

综上，公安机关要立案追究涉嫌海事犯罪行为人的刑事责任时，必须先等海事管理机构出具《海上交通事故调查报告书》查明事故原因、判明当事人责任；海事管理机构进行了事故责任认定，公安机关才能进一步开展工

---

① 丁国斌：《对海事调查责任认定具有行政可诉性的探讨》，http：//www.jsfzb.gov.cn/art/2012/6/4/art_ 98_ 25557.html，访问时间：2016 年 5 月 13 日。

作。即使公安机关提前介入案件，也需要借助海事部门对案件的调查结论来决定是否立案，以及立案后是否移送案件至检察机关。然而，海事部门对案件的鉴定结论周期远远超过公安机关的立案期限和对犯罪嫌疑人变更强制措施的期限。海事部门的案件调查结论未出具之前，既没有证据证明案件符合刑事立案标准而可以向司法机关移送案件，侦查机关也难以继续维持原有刑事强制措施，从而导致涉嫌犯罪案件被动息诉放人的现象比比皆是。

3. 刑事诉讼程序的"人为倒置"是制约案件移送的人为因素

我国刑事诉讼中，公诉案件需要经过立案、侦查、起诉、审判和执行五个阶段。立案是公安司法机关在管辖权限内判明是否有犯罪事实并需要追究刑事责任，并决定是否作为刑事案件交付侦查或审判的诉讼活动。立案是刑事诉讼活动开始的标志，立案之后就进入了侦查阶段，通过侦查查明犯罪事实，收集确实、充分的证据，查获犯罪嫌疑人，为以后检察机关的提起公诉打下基础。通过侦查，如果发现不应当对犯罪嫌疑人追究刑事责任，应该撤销案件，犯罪嫌疑人已经被逮捕的，应立即释放。但在实践中，由于公安机关将起诉标准来作为立案标准来要求海事行政执法部门，就等于将刑事侦查工作人为的强加于没有并刑事侦查权的海事执法部门，这就导致在诉讼程序上出现了"人为倒置"，即先"侦查"，后立案。先由海事执法部门展开事故调查，收集保存证据，在查明及证实犯罪且犯罪嫌疑人没有逃跑时即满足起诉标准，然后才能移送公安机关立案，公安机关立案后依据海事执法部门移送的案件材料对犯罪嫌疑人采取强制措施，然后移送检察院，检察院如法炮制。

然而，这里存在两个问题：首先，因海事管理机构侦查权的缺失无权限制人身自由，对发现的涉嫌犯罪当事人无法控制，由于时间关系，犯罪嫌疑人很有可能逃逸；其次，即使公安机关侦查结束，在向地方检察机关移送起诉时会出现不衔接。因为检察机关是按地域管辖，而公安机关很可能是指定的公安机关①在跨行政区域侦查，从而导致公安机关侦查结束而

---

① 海事管理机构向交通公安机关移送涉嫌犯罪案件，一般按照就近和同级移送的原则进行。海事管理机构内部设有海事公安机关的，向海事公安机关移送；长江、黑龙江海事管理机构分别向长航、黑航公安机关移送；其他水域的案件，向就近的交通公安机关移送。管辖不明确的，报请交通运输部海事局商部公安局指定管辖。实践中，由于海事交通公安局只有天津、上海和广州3个，部分海域违法涉罪案件发生后往往鞭长莫及，海事违法涉罪案件移送的主要对象是被指定的地方公安。

无法移送起诉，仍不能有效打击犯罪。一旦行政执法机关因为证据无法达到起诉标准或者导致犯罪嫌疑人逃跑了，涉罪案件的移送就基本止步于此。此外，也没有哪部法律要求涉嫌犯罪案件的移送必须以"犯罪事实清楚，证据确实充分，立案后能移送起诉"为前提，这是对刑事诉讼活动阶段性任务和目的的曲解。

4. 检察机关监督移送职能的虚置化使得行政机关怠于移送

人民检察院行使法律监督职能的目的是确保行政执法机关依法及时将涉嫌犯罪案件移送至公安机关以及确保公安机关依法对上述案件立案并展开侦查，防止和纠正有案不立、违法立案。长久以来，检察机关的法律监督权主要局限于三大诉讼领域，对于行政执法的监督较少涉及，对水上交通行政机关的监督手段更是软弱无力。首先，关于检察机关对于行政执法的监督，主要有两个方面：一是在执法过程中监督行政机关的工作人员是否存在滥用职权、徇私舞弊等违法犯罪行为，一旦存在职务犯罪，检察机关可立案侦查。二是监督行政机关处理的案件是否存在应将涉嫌犯罪的案件移送至公安机关而未移送的情况。实际上，在水上交通犯罪方面法律赋予检察机关的上述监督权还未曾真正得到良好使用。人民检察院对海事行政机关的监督权未得到强有力的保障。由于水上交通案件具有复杂性以及海事行政执法的相对封闭性，案件是否涉罪、应否"移送"，其判断权和决定权完全掌握在海事执法部门手中，公安、检察机关对海事行政执法部门调查的涉罪案件的信息来源十分匮乏，无从知晓是否存在本应移送而未移送的案件，从而缺乏有力监督。检察机关缺乏必要的手段来了解和调查行政执法行为，难以发现执法过程中执法人员的职务犯罪行为。出于部门保护主义，海事行政机关即使提供案件材料给检察机关，这些提供的材料也常常是片面的[①]。检察机关只依据这些有限的材料根本无法真正行使立案监督权。职务犯罪的查处方面，把当事人控告、举报、报案和自首这些除外，缺乏调查和了解行政执法的必要手段是检察机关行使职权的一大瓶颈，这使得行政执法人员在执法过程中的职务犯罪行为难以被发现。在人民检察院立案监督的方式和途径上，也缺乏具体和完善的措施和规范。此外，在水上行政执法机关内部，其监督权也呈虚置化。从调查结果来看，

---

① 祖人、良发、怀忠：《行政执法中"以罚代刑"情况调查》，《海南人大》2003 年第 6 期。

大部分水上行政管理机关水上案件移送的监督主体和移送主体出自同一个部门或科室,"自我监督"形同虚设。即使是不同部门机构,也因为没有明确规范使得监督无章可循,监督力度大打折扣。

要从根本上解决移送难的问题,不仅要加快水上交通犯罪相关罪名的立法进程,还必须着眼于水上交通行政执法机关与公安机关在处理涉罪案件衔接的程序规范,建立和完善海事执法涉嫌犯罪案件的移送机制。

第二节 水上交通犯罪案件的审判

从本书对水上交通犯罪案件审判的调研情况来看,目前我国水上交通涉嫌犯罪案件的判例较少,已有的判例大多集中在证件类犯罪上,只有少数案件表现为事故类犯罪。即便如此,由于立法、司法层面的诸多原因,同类案件也得不到相同或者类似的司法处理结果,不确定性裁判在司法实践中大量存在。另外,航运业针对及其审判船员的案件反应激烈,"船员入刑"不仅遭到航运业单位、部门的质疑与反对,在船员群体中更是屡遭诟病。这些问题的出现,不仅需要在法律层面进行规范,也需要从社会心理学层面也进行分析和疏导。

一 中国水上交通犯罪案件的审判情况

(一) 不确定性裁判时有发生

目前,我国各地经济发展水平不尽相同,各地行政管理机构对于水上交通犯罪的认定标准存在较大差异,这种差异随着地区距离跨度的增大而增加。由于各部门及其工作人员对水上交通犯罪刑事立案标准的认识不同,该事故是否移送公安机关的处理结果就不同,从而导致司法审判也出现了不同结果。这也是当前类似案件在不同地方得到不同处理的原因之一,即使是进入司法程序的水上案件,也存在不确定性裁判时有发生的情形。

以水上交通事故导致遇害者落水失踪为例,交通肇事致人落水失踪在我国现行刑事立法中一直没有任何评价,司法解释对此也无明确的态度和立场来指导实践,即使1992年《电话答复》确立了根据受害人落水失踪这一事实以交通肇事罪追究肇事者刑事责任的司法范本,但直至2010年,才出现了首例以事故导致受害者下落不明为由对肇事者以交通肇事罪定罪处罚的司法判例。那么，1992年至2010年的18年间，1992年《电话答复》对于处理水上交通事故致人失踪情形的精神实质在司法实务是否运用于同类案件的处理？结果是否定的，其中的缘由无非是司法部门和行政部门忽视、曲解1992年《电话答复》，进而导致司法实务部门对于交通肇事致人失踪的行为常常作出不同处理，或不予起诉，或宣告死亡，或推定死亡，又或直接定罪处罚等等，有案例为证：

案例一：2001年6月16日，彭某驾驶船舶运载7人横渡河面中发生事故，导致金某7岁女儿落水后下落不明。经金某申请，人民法院次年宣告其女儿死亡。随后检察院向法院提起公诉，理由是彭某涉嫌构成交通肇事罪。2002年4月30日，人民法院以彭某违反交通运输法规造成1人死亡，构成交通肇事罪为由，判处有期徒刑1年。在我国，这是第一例用民事的宣告死亡作为刑事证据使用并据此定罪量刑的案件。

案例二：2004年2月2日，在江西九江水域发生一起特大水上交通事故，肇事者肇事后逃逸，事故造成5名落水后下落不明，公安机关侦查后移送案件至检察机关，但检察机关却以人员失踪既非死亡也非重伤，不能构成犯罪为由，认定该案不能符合起诉的条件，肇事者最终逃过了刑法的制裁。

案例三：2009年8月16日，在长江发生了一起水上交通肇事案，一艘采砂船和另一艘货船在瑞昌水域相撞，事故造成货船沉没，船上7名人员及1100吨煤炭全部落水。除了两人自救生还外，其余5名落水人员下落不明。2010年5月21日，九江市浔阳区人民法院作出一审宣判，以交通肇事罪分别判处责任人C某、S某有期徒刑3年，缓刑5年。这是我国首次以水域交通事故造成受害人下落不明的危害结果来判处肇事者承担刑事责任。

上述三个案件情节大致相同，都是由于水上交通事故导致人员失踪的情形。然而，三个案件的处理结果却都各不相同。一方面，从定罪量刑依据来讲，案例一通过援引民法宣告死亡制度来追究肇事者的刑事责任；案例二依据罪刑法定原则认为肇事者并无追究刑事责任之依据而不予起诉；案例三以交通事故造成受害人下落不明的危害结果来判处肇事者承担了相应的刑事责任；另一方面，从肇事者刑事责任承担来讲，案例一造成人员1人失踪，肇事者仅判处有期徒刑1年；案例二造成人员5人失踪，肇事罪作无罪处理；案例三造成人员5人失踪，肇事者判处有期徒刑3年，缓刑 5 年。

可见，同样的案件情形，司法实务部门的处理依据与处理结果截然不同，这一现象已非个例，究其原因，不仅有刑事立法疏漏的原因，更体现在司法解释对水上交通事故人员失踪现象长期忽视的后果。即使实务中屡屡面对水上事故遇害者下落不明的情形，也没有明确的司法解释来即使规范和调整，导致多年来针对此类问题，司法实务工作者只能发挥法律赋予其的自由裁量权来定罪量刑，于司法工作人员认识不一，案件处理结果自然不同。

本书认为，长期的法律模糊造成司法判决呈现不确定性，明确"人员失踪"在刑法上的定性具有现实紧迫性。这样的不确定性裁判对于事故当事人及家属都是极为不公的，也严重有损于法律的公信力。要尽快解决这一问题，就需要通过司法解释的出台来解决"人员失踪"于法无据的问题，统一规范"人员失踪"的罪量标准，强化实务操作性，有效化解"花开数朵，各表一枝"的尴尬处境。

(二) 海事法院刑事审判制度亟待完善

1984 年，全国人民代表大会常务委员会通过《关于在沿海港口城市设立海事法院的决定》，明确"海事法院管辖第一审海事案件和海商案件，不受理刑事案件和其他民事案件"。众所周知，设立专门的海事法院是考虑到水上案件的特殊性以及涉水案件的侦办审判具有较高的专业性要求。此后，最高人民法院分别于 1989 年、2001 年和 2016 年三次修订关于海事法院受案范围的规定，海事法院的受案范围不断扩展，然而，海事法院始终未获得对海事刑事案件的管辖权，海事刑事案件零星分散于各地方法院审理。这样一来，地方法院在面临水上犯罪案件的处理时，就需要专业的船舶驾驶技术知识作支撑，才能更好的把握水上案件事故的发生、证据的采信以及责任认定等重要问题。然而，从实践来看，我国地方法院司法工作人员几乎没有受过海事类专业培训，很难具备这类专业性知识，并不能像海事法院司法工作人员一样具有海事专业性的审判水平，这无疑会很大程度的影响到地方法院处理水上交通犯罪案件。如此，既不利于人民法院对海上违法犯罪统一规范处理，也有损我国在海上的司法权威。中国是世界上设立海事审判专门机构最多的国家，也是受理海事案件最多的国家。随着海洋战略地位的日益突出，以及中国面临的周边海洋环境的复杂化，海事司法只服务于海洋经济的职能定位显然已经无法满足客观形势的发展需求。在此背景下，为了充分发挥海事法院在涉海审判业务中积累的专业优势，提升国家公权力对海洋的管控能力，提升海事法院在保障国家海洋战略和海洋权益方面的作用，学者们开始发出由海事法院统一管辖涉海民事、行政和刑事案件的改革呼声①。与学界的呼声相呼应，2014年9月，在中国海事审判三十年座谈会讲话中，最高人民法院院长周强指出："要按照人民法院'四五'改革纲要的要求，进一步完善海事法院管辖制度，围绕国家海洋开发战略，积极探索将相关海事行政、海事执行案件和其他涉海民事、刑事案件统一纳入海事法院专门管辖的新模式。"2016年8月，最高人民法院发布《关于审理发生在我国管辖海域相关案件若干问题的规定（一）》和《关于审理发生在我国管辖海域相关案件若干问题的规定（二）》（简称"涉海司法解释"），内容涵盖刑事、民事和行政诉讼三个领域。涉海司法解释加大了对海上违法犯罪的打击力度，细化了量刑标准。对于发生在我国管辖海域的犯罪行为，涉海司法解释明确要"依照我国刑法追究刑事责任"。涉海司法解释的出台，既为人民法院充分发挥司法职能作用提供制度支撑，也给海事法院受理海事刑事案件提供了可能。② 2017年7月，宁波海事法院一审公开开庭审理了"卡塔利娜"轮二副艾伦·门多萨·塔布雷（ALLANMENDOZA TABLATE）交通肇事一案，该案是中国海事法院首次受理的海事刑事案件。同年8月21日，宁波海事法院公开宣判，对被告人艾伦·门多萨·塔布雷以交通肇事罪判处有期徒刑三年六个月。海事审判"三审合一"制度的建立将有利于更好地发挥海事法院的专业优势，对于维护我国海洋司法主权，进一步推动确立海事案件专门管辖制度都将起到积极的促进作用。然而，"海事刑事案件"目前在实务界和理论界尚未形成广泛共识。为了把数量不详的"海事刑事案件"纳入海事法院管辖，未来改革试点的推进需要在海事刑事案件的内涵和范围界定，从刑事审判的人员和硬件保障以及公、检、法部门配套工作机制的建立三方面着手构建常态化机制。③

---

① 吴南伟、熊绍辉、彭林：《海事法院受理海事行政案件必要性问题研究》，《法律适用》2007年第12期。

② 张文广：《海事刑事案件应"试点先行"》，光明网 http://legal.gmw.cn/2017-06/06/content_24712401.htm，访问时间2017年6月10日。

③ 曹兴国：《海事刑事案件管辖改革与涉海刑事立法完善》，《中国海商法研究》2017年第4期。

二 航运业反对"船员入刑"的学理分析

在以船舶为主要交通工具的水上领域,船员作为主要的犯罪主体,一直以来备受争议。一方面,近年来,船长、大副、二副、轮机长等管理级船员常常因为事故类犯罪成为刑事责任的承担者;另一方面,"船员入刑"至今没有被航运业人士,尤其是不被船员群体所接受。对于船员业务过失犯罪案件的审判,尽管司法机关严格依照我国现行刑事法律规范来定罪量刑,但在航运业内却很难被理解,甚至屡遭诟病。

虽然水上交通行业内对法治理念不存在认同上的障碍,但是至少在规范设计、司法环境以及司法动作过程中与陆地相比时刻反映出狭隘的小团体观念与人情因素。由于行业内部的封闭性与保守性作怪,我国的水上司法环境似乎是另外一重天地,法治观念的落后远远超过我们的想象。由于水上交通领域的特殊性所在,水路运输面临的风险远远高于陆地,因此,水上(内河与海上)行政机关长期保持这样一种执法理念,即追究水上违法行为人的法律责任要轻化,追责过于严厉会打击船员从事高风险的航海职业的积极性。因此,除了具有明显的主观恶性、引起严重危害后果的事故,发生在水上交通领域的一般事故,能不移送至司法机关则不移送,能不追究刑事责任就不追究。就水上交通肇事案件而言,除非存在肇事船舶逃逸致死的情形,实践中很少移送涉嫌犯罪案件至司法机关,因而从海事管理机构移送案件至公安机关的统计结果来看,数量非常有限。以罚代刑阻碍了案件的司法移送,有法不依、宽纵犯罪并非个案。在对水上交通肇事犯罪的责任船员的审判中,船员因业务过失而入刑遭到航运业业内人士的一致反对。特别要强调的是,长期以来,由于民事法律的替代原则直接导致船员的业务过失往往由船东或保险公司先行赔付,一方面导致船员的责任意识难以得到提高,另一方面也会使受害人及其家属在得到民事赔偿之后盲目息诉,司法裁判对船员的教育和惩戒作用得不到真正的发挥,一般预防更无从谈起。审判船员,就目前而言,似乎是困难重重。

人类对法律的认识是一个逐渐发现的认知过程,如海商法的发展,人们从承运人与货主的利益失衡以及船方抵御风险能力的提高中逐渐发现了扩大承运人责任的立法需要,那么,今天我们也发现了船员业务过失入刑的必要性与可行性,德国不来梅航运经济研究所的报告指出:1987 年至 1991 年发生的 330 件事故中,75% 是人为因素造成的。澳大利亚运输部

1988 年的报告指出：在已调查的事故中，75% 也是人为因素造成的①近年来，经国内统计，"80%以上海上交通事故是人为因素造成的或与人为因素有关，而船舶碰撞事故中有 60%—70% 是在雾中航行时发生的。因此，人为因素问题仍将是我们研究船舶雾航安全的重要课题。"② 我们发现，只要是人为因素便可以通过法律制度加以防范和控制，之所以屡禁不止的原因就是长期以来实践中处理海上交通事故主要适用民法和行政法，损害赔偿的责任转嫁到船东或保险公司身上，船员为此至多承担行政责任，而刑事司法在这一领域一直被忽视。不可否认，如果水上交通肇事案件的处理动用了刑事法律，就会引起船员的密切关注，严加防范，达到如同醉驾入刑一样的社会效果。否则，几乎每个司机都有酒后驾驶的经历，司空见惯的代价就是更大的人身伤亡和财产损失。过去从刑法分则条文的立法过程来看，由于立法的前瞻性所限，人类对犯罪的认识同样需要一定的过程。在《鹿特丹规则》突破了传统过失免责原则确立了完全的过失责任原则的前提下，人类已经确信，只有负面法律责任的承担才能激发人类行为注意力的提高，否则，"人为事故占全部海上事故的比例只会越来越高；而在完全过失责任制下，将大大增加承运人降低人为航运事故的动机"③。在这一理念支撑下，刑事法律对水上交通安全的保护已经到了非出手不可的地步。

在航运业中，对水上交通领域的刑事追究责任有一个误区，即：追究船员的业务过失刑事责任，扩大了船员的职业风险，认为，刑法的手段过于严厉，刑法的目的在于惩罚船员，无疑不利于航运业的发展。本书认为，这种认识狭隘且片面的。纵观所有公共交通工具的操控性，没有任何一个能达到海船驾驶操控这样的复杂程度，也没有任何一个交通工具会面临海上航行所可能遭遇的自然风险。如前所述，船舶的起航、入港以及航行中的驾驶操控都需要众多船员的协同配合才能完成，如果没有严密的分工和相互配合，不但会导致船舶的操控与航行无序，也会使船舶的安全秩序得不到保障。无论是飞机、火车，还是汽车的驾驶，都不需要几十人的

---

① 参见赵月林、胡正良《论取消航海过失免责对承运人责任、义务和其他海事法律制度的影响》，《大连海事大学学报》（社会科学版）2002 年第 4 期。

② 尹磊：《影响船舶雾航安全的人为因素分析及对策》，《中国海运》2008 年第 6 期。

③ 吴煦、逯笑微：《论航海过失免责之废除》，《中国海洋大学学报》（社会科学版）2011 年第 4 期。

团队合作，因而，对船员的管理和监督是船长的一项非常重要职责。每位船长都如同一个团队作战的指挥官，调动所有的船员共同参与船舶的安全行驶与生产作业，而每个船员都必须在上级船员的领导和指挥下团结一致、严守自己的岗位操作规则。在协同性上，船舶上的行政管理具有军事化的性质，容不得半点马虎与懈怠，如果某个环节出现纰漏，便会导致整个船舶陷入危险境地，甚至导致重大责任事故的发生。

与公路运输不同，从事水上运输的船舶与火车运输一样，无论是否抵达目的港口，船员都会作息在船上，少有离船的时机。因而，船员的工作和休息的空间相对较小，特别是处于茫茫大海中极易产生视觉上的疲劳感与情绪上的焦虑性。如果处理不好，会造成船员注意能力和操控能力的下降，这一特点也正是业内人士为船员业务过失作辩护的理由之一。海船船员的值班上岗时间为四个小时，每十二个小时要值一个班，每天要值两个班，倒班节奏比较频繁，连续休息时间达不到八个小时。这样的值班制度打乱了人的正常生理周期运行规律，特别是子夜到凌晨四点的值班小组，其生理的困倦程度与心理的抵抗压力会更大，极易产生工作中的失误，导致安全事故。正因为远洋运输具有上述种种人力所难以控制的风险和难以克服的生活困难，在船舶群体中便滋生了一种对过失行为的宽纵心理，并且形成业内的一种文化。

社会心理学是研究个体和群体社会心理现象的心理学分支学科。个体社会心理现象指受他人和群体制约的个人的思想、感情和行为，如人际知觉、人际吸引、社会促进和社会抑制、顺从等。群体社会心理现象指群体本身特有的心理特征，如群体凝聚力、社会心理气氛、群体决策等。社会心理学的研究价值在于提高人认识自身的能力，提高人的生活质量，有助于正确把握社会各个群体的心理、情感规律。航运业是一个特殊的行业群体，但也是由若干个人组成，与社会的其他人在心理规律上既有共性又有个性，本书拟从"破窗效应"这一理论，寻找航运业从业人员心理规律的突破口，进而论证单独设立水上交通肇事罪对于营造航运业良好秩序，也是符合社会心理学规律的。

"破窗效应"在心理学领域久负盛名，"如果一间屋子的窗户破了，没有人去修补，其他的窗户过不了多久也会被人莫名其妙的打破；干净的一面墙，如果存在没有被清洗掉的涂鸦，隔不久，墙上就会布满了不堪入目、乱七八糟的东西；一片很干净的土地上，人们都不好意思乱丢垃圾，可是一旦干净的地上有垃圾出现之后，人们就会丝毫不觉羞愧的乱丢垃圾。"① 这是一个心理暗示的规律，1969 年，就职于美国斯坦福大学的心理学家菲利普·辛巴杜做了一项实验并得出了这个有趣但影响深远的心理学原理。他的这个实验是用两辆汽车，一模一样的汽车，把其中的一辆停在相对杂乱的纽约布朗克斯区，那里流动人口复杂，犯罪率高；而把另一辆停在加州帕洛阿尔托的中产阶级社区了，这里的人们生活富足安定。他摘掉停在纽约布朗克斯区的汽车的车牌，敞开车顶，当天就有人把这辆车偷走了。而那辆完好的放在加州帕洛阿尔托的中产阶级社区的汽车，过了一个星期，也无人理睬。面对这种情况辛巴杜将那辆汽车的玻璃打破了一个大洞，仅仅过了几个小时，就有人将这辆汽车偷走了。犯罪学家凯琳和政治学家威尔逊以这项有趣的实验为基础，提出了一个"破窗效应"理论，他们认为：如果一幢建筑物的窗户玻璃被人打破了，又无人及时修复它，可能某些人就会受到一些示范性的纵容去将更多的窗户打坏。长此以往，一种无序的感觉就会从这些破窗户显现出来，结果是犯罪就会在这种公众麻木不仁的氛围中，滋生、繁衍。"破窗效应"的一个经典应用案例发生在美国纽约，18 世纪的纽约以脏乱差闻名，那时的纽约城市环境恶劣，同时各种犯罪猖獗，犯罪率很高。最为突出的是地铁的情况，那时的纽约地铁是充斥着罪恶地带，据统计"平均逃票的 20 人中就有 1 人为携带武器的暴力分子，每 7 个逃票的人中就有 1 个通缉犯。"这个情况一直延续到 1994 年，布拉顿为新任的警察局长，他开始着手治理纽约。通过观察和研究，他首先着手治理地铁车厢，一段时间后车厢变整洁了，接下来地铁的站台、阶梯、城市的街道都随之变干净了，再后来临近的街道也变干净了，直至整个社区都变整洁了，直到最后整个纽约发生了翻天覆地的变化，城市变的整洁漂亮，犯罪率也大大下降。现在的纽约是全美国治理最出色的大都市之一，这次城市大治理事件被称为"纽约引爆点"。正是布拉顿局长找到了纽约正确的"破窗"，才能引发这种巨大的变化。②

本书认为，"破窗"理论应用在犯罪行为的研究上能够解释很多问题，有一批本该受到处罚的犯罪人没有受到法律的惩治则会感染出更多的

---

① 参见曾祥炎《"破窗"理论的谬误：基于索洛模型的一种解释》，《湖湘论坛》2009 年第 2 期。

② 参见李维《"破窗理论"窥探》，《中国中小企业》2009 年第 2 期。

犯罪人，以水上交通运输为例，交通肇事犯罪的主体的主观方面是过失，而这种过失行为引发的犯罪后果严重，破坏巨大，但更容易被感染、被忽视，如果过失构成犯罪的因为刑法没有明确的指引，或者航运业内部一味庇护、放纵犯罪，那么这种破窗效应将会很快显现在整个航运业。还以"醉驾入刑"为例，在中国，醉驾没有被写入刑法之前，极大部分的司机都有过酒后开车的经历，然而正是这种大家都是司机，"少喝点酒对开车没什么影响的心态"在社会里相互传染，并很快蔓延，致使因酒后驾车引发的恶性交通肇事犯罪呈几何增长，而越是这样，大家会越不在乎在外吃饭应酬时喝一点酒，因为这种危害的成本太低，大家相互感染，谁也不会对这个问题提高重视。直到《刑法修正案八》的出台，将醉酒驾车清清楚楚写进刑法，一块"好窗"的暗示作用正逐渐发挥作用，大家对酒驾问题都提高了重视，很快"开车不喝酒，喝酒不开车"在社会的各行各业的司机中传播、蔓延，虽然短期内还不能完全杜绝这种行为，但随着刑法在发挥着作用，这种"破窗效应"正逐渐引发着社会的变化。人都有一种"从众心理"，当整个行业内部的人对一些危害行为不重视，放纵、放任这种危害的继续发生，那么大家会越来越肆无忌惮，对这个社会的影响都是不可估量的。

第七章

中国水上交通犯罪刑事责任追究制度的完善

追究水上交通犯罪的刑事责任,不仅需要在立法层面有明确的刑事法律规范提供定罪量刑的法律依据和合理的刑罚配置,在刑事司法层面也应当有具体的可操作性准则,同时还要求在水上交通的行政执法与刑事司法之间建立无缝衔接机制。只有对刑事立法、刑事司法以及两法衔接机制三个层面都进行逐一完善,我国水上交通犯罪刑事责任追究制度才能真正发挥维护水上交通安全与秩序的作用。

第一节 水上交通犯罪刑事立法的完善

由于非刑事法律规范中的刑事责任条款只具有宣示性指向意义,追究刑事责任的基本罪状和法定刑均规定在刑法典中,如果刑法典没有相应的对基本罪状和法定刑的规定,非刑事法律规范就不能对某一严重行政违法行为以犯罪追究刑事责任。然而,我国并无专门针对水上交通犯罪的刑事法律规范,刑法典对于水上交通领域行政犯规定的基本罪状和法定刑有些已经不能适应形势的需要,入罪门槛或高或低,罪状形态也发生了变化,导致执法司法人员在面临海上涉罪案件刑事追诉时,往往由于缺乏相关法律规范作为执法依据而使得刑事追责陷入僵局,很难实现刑法的目的,不断完善水上交通犯罪刑事责任的立法就成为主要任务。同时,对水上交通犯罪的罪量标准的界定也应该合理谨慎,充分考虑水上交通犯罪的特殊情形,包括人员伤亡和失踪情况,财产损失的特殊性质以及对于水域环境的破坏和生态损害等,在国家层面出台具有可操作性的刑事立案标准、定罪量刑标准以及科学的犯罪构成体系。只有这样,才能做到对水上交通犯罪不枉不纵,为我国的水运事业与海洋发展保驾护航。

一 增设独立的水上交通肇事罪

考虑到水上交通领域犯罪在行为主体、主观罪过、危害后果以及因果关系方面均与陆路交通领域、航空领域以及铁路运输领域有所不同，单独设罪既能突破现有罪名难以适用的樊篱，对水上交通犯罪依法定罪量刑，也能完善我国刑事法律体系，有效预防和控制水上交通犯罪，为维护海洋安全与秩序保驾护航。

（一）设立水上交通肇事罪的意义

从刑法理论来看，刑法追求双重价值的保护：刑法既是善良人的大宪章，也是犯罪人的大宪章，既要针对个别犯罪人的犯罪行为保护社会利益，也要针对强大的国家机器的统治保障犯罪人的权利。而刑罚的目的是单纯从"报应刑论"的立场出发，对犯罪人处以刑罚，以起到报复、惩戒犯罪人的作用。在我国的传统观念中，"因果报应"的观念往往先入为主，我国历史上是典型的重刑主义国家，"过度报复"的现象比比皆是。可以说"报应刑论"的观点在我国传统法律文化中是根深蒂固的。然而时至今日，随着比较法学的繁荣以及社会文明进步，这种理念发生了深刻的变革，刑法的社会保护与人权保障价值都不可偏废。同理，航运业的发展，离不开刑法所提供的强有力的保障，从保护社会公众安全角度出发，增设水上交通肇事罪也是必要的。目的法学派的创始人、德国学者耶林指出："目的是全部法律的创造者，每条法律规则的产生都源于一种目的。"目的，通常是指行为主体根据自身的需要，借助意识、观念的中介作用，预先设想的行为目标和结果。而从哲学范畴来看，是表示人按照自己的需要以及依据特定对象自身的固有属性，在有意识的活动中，所做出的一种预先设计，是一种以观念的形式预先保存于人们头脑中的意识活动的结果。刑法作为人类智慧和文明的产物，具有价值判断与行为规范的功能，其目的应当是透过刑法规则以及背后道德规范的立法者的价值取向，也就是国家制定的、实施的刑法所要追求的目标。刑法，是以国家强制力为保障，因此从表面上看，刑法似乎就是以惩罚犯罪人的手段，这是传统法律文化造成的错误印象，特别是面对船员以"高风险职业"为庇护而逃避刑事责任时，探究"刑法"的目的显得更为重要。"探究刑法的目的之所以重要，正是因为考量刑法自身的合法性，只有其目的的正当才能决定其手段的正当，二者是相辅相成的，很难想象一部目的邪恶、违背人类历史发展轨迹的刑法,执行的手段会符合正义,公平、公正、平等的对待每一个人。"① 如果用刑罚的目的解读船员业务过失责任入刑的合理性,则显得苍白无力。因为,这个问题关涉国家刑罚权的合理化、合法化以及惩罚的正当性等问题,而刑法的目的则承载着公众利益与犯罪嫌疑人权益的契合问题,用刑罚目的是解决不了的。"在刑法学上实极具价值,所以不管在什么年代,所有探寻有关刑罚的目的与意义的文章,都是汗牛充栋。"② 而对于刑法的自身目的这个问题,则鲜有学者探究。在日本刑法学界,关于刑法的自身目的这个问题,最早开始关注、探究其含义的是木村龟二,而在他之前,"关于刑法的目的,基本的论述是关于普通刑罚的目的的问题",真正把刑法的目的作为研究对象的论著几乎没有。③

在探寻刑法自身目的的过程中,有相当一部分的刑法学者把"刑法的目的"和"刑罚的目的"混为一谈,认为刑法的目的就是刑罚的目的;或者虽然在立场上承认二者存在差别,但在做具体分析时,常常又将二者的概念混淆。我们认为,虽然刑法作为以刑罚为制裁手段的一门最为严厉的部门法律,在某种意义上可以说是刑罚之法,但"刑法的目的"与"刑罚的目的"却又是两个截然不同的概念,绝不能相提并论。日本刑法学者木村龟二曾指出:"刑法的目的固然与刑罚的目的有关,但与刑罚的目的是不同的概念,必须加以区别。"④ 在我国的刑法学界,学者在刑法理论中所讨论的"目的"问题并不太多,即便有所涉及,也往往陷入"刑罚的目的"之怪圈,对刑法的目的鲜有人思考、研究。第一次提出"刑法的目的"这一概念的是张明楷教授所著《刑法学》(1997年版)一书;不久后,高铭暄教授主编的《新编中国刑法学》(1998年版)也专门讨论了"刑法的目的"。⑤ 有学者曾详细解读了"刑法的目的"这一概念,指出"刑法的目的就是国家制定刑法和适用刑法主观上所希望达到的结果",但是他并没有具体讨论刑法自身究竟包含哪些目的,其与刑罚的目的的关系也没有梳理清楚。⑥ 而在近年来才出版的《民权刑法论》一书

---

① 转引自周少华《刑法的目的及其观念分析》,《华东政法大学学报》2008年第2期。
② 林山田:《刑罚学》,(台北)商务印书馆股份有限公司1983年版,第47页。
③ 许道敏:《民权刑法论》,中国法制出版社2003年版,第64页。
④ 许道敏:《民权刑法论》,中国法制出版社2003年版,第64页。
⑤ 张智辉:《刑法理性论》,北京大学出版社2006年版,第36页。
⑥ 曲新久:《刑法的精神与范畴》,中国政法大学出版社2000年版,第88页。

以及《刑法理性论》一书中，对于刑法的自身目的问题都做了专门的讨论和论述。① 这表明已经有越来越多的刑法学者逐渐意识到，"刑法的目的"与"刑罚的目的"两个概念虽然相似，但内涵实质不同。并且"刑法的目的"这一问题所包含的价值是值得人们深思和讨论的，这对思考社会与刑法的关系、刑法对人类的发展等问题都有所帮助。在分清"刑法的目的"与"刑罚的目的"的基础上，再论证水上交通犯罪的刑事责任、追究船员业务过失的性质及其承担刑事责任的依据就显得明了得多。

现代刑法是建立在"相对报应刑论"的立场上的，其目的绝不是为了实现刑罚的报应功能。刑罚，只是作为实现刑法自身目的的一个手段，所以当我们把刑法看作是一个有机整体时，刑罚的目的就绝对不能再被认为是刑法的目的了，否则，就可能把刑法中单一的惩罚犯罪作为刑法的目的，偏废了刑法的社会保护功能。刑法的目的除了以惩治犯罪为手段预防犯罪外，还要求限制统治者的打击范围和打击方式。就我国现行刑法来看，对于水上交通肇事的处罚没有明确的条文指引。在司法实践中，水上交通肇事案件按照陆路交通肇事罪的立案标准移送至司法机关，仅就财产损失30万元无力赔偿这一项入罪条件，就对从事高风险职业的船员很不公平。道理很简单，陆路上汽车的价值与远洋海船的价值相差巨大，援用道路财产损失的标准给船员裁量刑罚必然出现严重失衡。解决这一问题的最佳方案是设立水上交通肇事罪，提高其财产损害的入罪标准，细化船员主观罪过的内容，健全违法阻却事由，明确技术偏差与业务过失的界限，充分保障船员的合法权益。只有这样，才能使我们国家的航运业更加规范，以刑罚来控制和减少业务过失，进而保障整个航运业的有序发展。设立水上交通肇事罪，是追求刑法的目的，而不是以打击、惩罚船员这一群体为目的，刑法的预测、指引、保护功能对一个行业，尤其是蓬勃发展、经济效益巨大的航运业尤为重要。建立基本的民事法律、行政法律和刑事法律互为补充的法律保护模式对航运业的发展以及一个国家的水上交通安全是不可或缺的战略。

伴随社会的发展，人们不断发现"醉驾""恶意欠薪"等违法行为被一一写入刑法，在政治、经济、科技等因素的不断发展进化过程中，那些随之而来的危害社会的行为本应及时被法律所规制，但直到矛盾不可调和

---

① 许道敏：《民权刑法论》，中国法制出版社2003年版，第63页；张智辉：《刑法理性论》，北京大学出版社2006年版，第36页。

之时，人们才醒悟过来：那些以前没有入刑的危害社会的行为现在就应该被写入刑法了。而水上交通肇事案件对社会的危害是显而易见的，对于这种危害行为已经有越来越多的人在关注、思考，水上的交通事故是对海上运输和经济发展的重大威胁，在发展中国家尤为突出。正如前文所述，我国是一个内水丰富、航运业迅速发展的沿海大国，水上的交通安全以及法律规范的健全是必要保障。设立水上交通肇事罪绝对不是几个学者为博人眼球、赚人喝彩而提出的偏激观点，而是社会发展的客观规律的需求，更是法律发展进程的历史性选择。

(二) 水上交通肇事罪的设立

关于水上交通肇事罪的设立，本书建议参照《刑法》第一百三十一条和第一百三十二条关于重大航空事故罪和铁路安全运营罪的相关规定，把承担更为重要运输任务的水上交通肇事犯罪作为一个独立的罪名予以单列。

本书对水上交通肇事罪作如下定义：所谓水上交通肇事罪，是指违反水路（包括内河和海上）交通运输管理法规，因而发生重大事故，导致人员死亡、失踪、重伤，公共财产和他人财产遭受重大损失，水域环境遭到严重污染损害的行为。

水上交通肇事罪的构成要件包括以下四个方面。

第一，犯罪客体。水上交通肇事罪的客体和陆上交通肇事罪相比，较为特殊，本罪侵犯的客体主要是水上交通运输安全，包括内河交通运输安全和海上交通运输安全，其次还包括水域（内河与海洋）环境安全。

第二，犯罪客观方面。水上交通肇事罪的客观表现是违反水路交通运输管理法规，因而发生重大事故，导致人员死亡、失踪、重伤，致使本船、他船、船上货物、其他设施或其他公共财产和他人财产遭受重大损害，水域环境遭到严重污染损害的行为。

首先，行为人必须违反水上交通运输管理法规。在水上交通运输中，行为人实施违反交通运输管理法规的行为，既是导致发生交通事故的原因，也是行为人承担刑事处罚的法律基础。与陆地的汽车驾驶不同，船舶驾驶受气候、航道、水文等自然因素的制约，内河一些船舶的驾驶可以由一个人完成，远洋轮船驾驶则需要船长、大副、通信员、轮机手、水手等一系列值班小组互相配合才能完成。其操作的复杂性也决定了水上交通运输管理法规的纷繁，水上交通运输中的管理法规很多，如《中华人民共和国内河交通安全管理条例》《内河避碰规则》《航海避碰规则》《渡口守则》《中华人民共和国海上交通安全法》等等。

其次，必须有重大事故的发生，并导致人员死亡、失踪、重伤，致使本船、他船、船上货物、其他设施或其他公共财产和他人财产遭受重大损害，严重污染水域环境的行为。如果行为人只是违反了水上交通运输管理法规，却并未造成上述严重后果的，则不认为是犯罪。其中，将"人员失踪"作为刑事法定危害后果，既有助于及时打击犯罪，也有利于海难救助，维护海上人命财产安全。可见，本罪属于结果犯，造成严重后果的发生是构成本罪的必要条件之一。

最后，发生的严重后果必须是由行为人违反水上交通运输管理法规的行为引起的，即行为人违反水上交通运输管理法规的行为与发生重大事故造成严重后果之间必须存在因果关系。

第三，犯罪主体。如前所述，交通肇事罪的主体为一般主体，包括直接从事交通运输业务的人员和非直接从事交通运输业务但同保障交通运输安全有直接关系的人员，包括具体操纵交通运输工具的驾驶人员、直接操纵交通设备的业务人员、交通运输活动的直接领导和指挥人员（如调度员、领航员、船长、机长）以及交通运输安全的管理人员（如交通警察）等。这一具体分类也适用于水上。水上交通肇事罪的主体原则上也是一般主体，包括从事水上交通运输的人员和非水上交通运输人员。但是，在司法实践中，水上交通肇事罪的主体范围相对于（陆上）交通肇事罪，范围更窄，业务要求也更为专业。

首先，陆上驾驶机动车辆一部分是进行客货运输，但更多是以车代步，作为家用。因此，机动车辆驾驶人员只要拥有相应车辆驾驶执照即可驾驶机动车辆，因而陆上交通肇事罪的主体就具有了普遍性和相对随意性，大多机动车驾驶人员并不以交通运输为其职业。而由于船舶操作的复杂性，除了内河上部分小船是单人操作，大部分内河船舶都是2人以上甚至多人共同操作的，而海船几乎都是团队操作。因此，从事水上交通运输业务的人员都是职业船员[①]，这一群体具有固定性。其次，与驾驶机动车

---

① "船员"这一概念有立法的明文限制，依照2007年《中华人民共和国船员条例》第四条的规定，是指经注册取得船员服务簿的人员，包括船长、高级船员、普通船员。由此，我国的船员概念与西方国家不同，船长也是船员的一部分，也要依据船员规范统一管理。船长、高级船员、普通船员就是广义的船员的概念，在这个意义上，狭义的船员仅指船长以外的高级船员、普通船员。

辆的操作方法不同，驾驶船舶的工作通常不能仅由一人完成，大多需要多人互相配合，分工协作，共同驾驶。由船长、大副、轮机长、水手等组成船舶驾驶团队，他们之间具有明确的操作分工，各自在职权范围内完成驾驶船舶的任务，保证船舶安全航行。再次，因为水上运输具有较高的风险性，船员的资质要求相比其他业务具有较高的技术性。实践中，从船员的入行培训，到考试、发证都有一套严密的规章制度。高级船员要具备正规的大专以上的学历，对于船舶的操控系统和机械设备都要有全面的了解和掌握，同时，针对不同专业的船员，还要求达到行业的标准化技术要求，体现出高度专业性。

因此，我们可以这样说，从事水上交通运输的人员是一个由船员组成的职业化团体，其中从事海上运输的海员团体更为固定和高度专业化，团队之间的协作也是陆上交通运输业务无法存在的。按照工作的水域范围不同，可把船员分为内河船员和海员两大类，二者综合在一起可称为最广义的船员。海员是在海船上从事交通运输业务的船员，由于海船的复杂性与危险性较大，海员的适任条件较内河船员要严格得多。根据职务层次的高低，船员可分为高级船员和普通船员。根据职能技术要求的不同，船员又可进一步细分为管理级、操作级和支持级。高级船员分为管理级和操作级，普通船员为支持级。管理级包括船长、轮机长、大副、大管轮、政委（仅中国部分国企航运公司存在）；操作级包括二副、二管轮、三副、三管轮，现在国内沿海的船上绝大部分还有管事一职，又称为船东代表，属于管理级；支持级包括水手长、机工长、一水、二水、技工等，还包括厨师、事务员等等。按照船员的工作性质的不同，又可分为船舶驾驶类船员、轮机类船员和其他类船员。驾驶类船员包括依照本条例的规定取得相应任职资格的船长、大副、二副、三副等高级船员和持有相应适任证书的普通船员（如水手）；轮机类船员包括轮机长、大管轮、二管轮、三管轮等高级船员和普通船员（如机工）；其他类船员也分为高级船员和普通船员两类，高级船员指无线电人员以及其他在船舶上任职的高级技术或者管理人员，普通船员是指持有相应适任证书的电子电气员、报务员、厨师等。由于各类船员工作性质的不同，其岗位职责也各有分工。当然，非从事水上交通运输的人员也可以是（水上）交通肇事罪的主体。

综上，本书认为，水上交通肇事犯罪的主体既不能仅仅局限于船长、大副、二副等直接操纵船舶的人员，也不能无限制地将船上的所有船员都囊括在"水上"交通肇事罪的主体范围之内。具体来说，水上交通肇事罪的主体分为如下四类。

第一类，船舶驾驶人员。所谓船舶驾驶人员，在专业分类上也称为航海技术专业人员，通常指在甲板部工作的海员，按职务由高到低分为大副、二副、三副、值班水手。第二类，船舶设备操作人员。船舶设备操作人员，通常被认为是在船舶轮机舱内工作的海员，按其级别分为：轮机长、大管轮、二管轮和三管轮和机工。第三类，船舶运输活动的直接领导和指挥人员。船舶运输活动的直接领导和指挥人员，一般指对于船舶的航行运输能够领导和指挥的人员，包括船长、船舶的所有人（船公司或者船东）或出租人、承租人等。就《船舶法》而言，行政犯的负责任者，不限于违反行政法规的行为人，对于违法状态的发生，负有注意监督义务者，也应负其责任。① 其中，船长是船舶上最高长官，对船上的行政和航行事务行使管理、统率和指导的权力，船员的法定义务只限于听从指挥，服从分配。第四类，其他类船员。这里的其他类船员，主要指船舶上工作的大厨、事务员等。此外，2000年《交通肇事解释》第五条第二款指使逃逸的规定和第七条强令违章驾驶的规定由于明确限定在机动车辆的范围，故不适用于水上领域。

第四，犯罪主观方面。水上交通肇事罪的主观方面均为过失。

二 用附属刑法立法模式来规制犯罪

早在1997年刑法修订前，很多学者就主张将基本罪状与法定刑直接规定在附属刑法中，直接使其作为定罪量刑的依据来适用。② 然而，"立法者却尝试着在刑法典规定全部的犯罪类型以满足制定一部'大而全'刑法典的立法追求。1997年刑法修订之后，也从来没有真正意义上的附属刑法。无论是从世界各国的刑事立法例来看，还是从附属刑法和刑法典的内在关系来看，直接将具有罪刑规范的附属刑法规定在非刑事法律规范

---

① 参见黄明儒《论行政刑法与罪刑法定主义的关系》，见戴玉忠、刘明祥主编《犯罪与行政违法行为的界限及惩罚机制的协调》，北京大学出版社2008年版，第26页。

② 陈兴良：《经济刑法学》（总论），中国社会科学出版社1990年版，第65页；张明楷：《刑法的基础观念》，中国检察出版社1995年版，第337页。

中不但必要，而且具有可行性"①。

社会的不断发展带来了各种犯罪的更新，如果坚持用单一的刑法典不加区分地规制交通犯罪，恐怕刑法的普适性难以完全照顾到水上交通犯罪的特殊性。因而，本书认为有必要将水上交通犯罪的量刑条款设置于附属刑法之中，可以很明确地依据行为危害性的大小，直接区分刑事处分和行政处分，具有较高的便利性和科学性。与此同时，可以让公众，尤其是船员在了解水上交通犯罪方面的法律规范时，直观地感受和了解到如果自己实施了这么严重的危害行为，将会遭受最严厉的刑事处分，这样的震慑力，远比以往概括地说"构成犯罪的，依法追究刑事责任"更为有力和深刻，其预防犯罪的效果也更为显著。

本书认为，在坚持刑法典总则的原则性指导下，附属刑法可以采用独立的散在的立法模式，在行政法律法规中单独、明确地设置具有基本罪状和法定刑的法律责任规范，这样一来，行政法律法规中的刑事责任条款得到具体化、明确化，就可以直接根据该法规认定某一具体罪行，不再依附于其他任何的法律，既确立了水上交通犯罪在我国刑事法律体系中的法律地位，使水上交通犯罪在实体法层面有据可循，在案件的司法处理中可操作性也更强。

第二节　完善水上交通犯罪的刑罚配置

当前国内学者和司法工作者对非暴力犯罪的非死刑化基本达成共识，水上交通犯罪大多属于非暴力犯罪的类型，属于行政犯的范畴，因此，应减少死刑，更多地适用财产刑、资格刑。在我国刑法的规定中，对交通犯罪的刑罚配置一直比较单一，既没有配置罚金刑，也没有规定资格刑。而从前述我们对于水上交通犯罪的新的分类来看，行政犯相较于刑事犯，尤其是典型行政犯相较于刑事犯和不典型行政犯，无论从社会危害性层面，还是反伦理性程度来看，都较小，因而刑法对其行为的评价属性理应相应降低。因此，罚金刑和资格刑的运用就有了理论上和实践意义上的空间。

---

① 吴情树、陈开欢：《附属刑法规范的理性分析与现实选择》，《福建警察学院学报》2008年第5期。

本书认为，将罚金刑、资格刑升格为主刑是很有必要的，增加罚金刑在水上交通犯罪的刑法配置中的适用，并增设剥夺行为人从事水上交通领域特定职业或进行某种活动的权利的资格刑（如吊销驾驶执照、禁止颁发驾驶执照或禁止驾驶等），也可以起到预防和惩治犯罪的作用。

一 增加罚金刑的适用

在我国，罚金刑是刑法针对贪利犯罪、单位犯罪、轻微刑事犯罪以及其他特定种类犯罪而设置的强制犯罪分子缴纳一定数额金钱给国家的一种刑罚方法。罚金刑是财产刑的一种，目前仅作为一种附加刑使用，罚金刑既可以同其他主刑合并适用，也可以独立适用。

适用罚金刑主要基于如下优点：其一，犯罪人进入监狱后会互相影响，尤其是罪行较轻的犯罪人会受到重刑犯的不利影响，罚金刑恰恰避免了此种情况，在不剥夺、限制犯罪人的人身自由的情况下，达到改造效果；其二，自由刑不利于犯罪人回归社会，这主要也是犯罪人被限制人身自由的结果，因此适用罚金刑犯罪人可以继续接触社会，不会产生与社会脱节的效果；其三，针对人身危险性小的犯罪人施以罚金刑，可以减少司法费用的支出，同时也可以增加国库收入；其四，罚金刑的具体量刑更加针对犯罪人的收入、家庭状况等具体情况，因此具有更强的预防犯罪的作用；其五，罚金刑是针对财产的刑罚，更适宜对以营利目的的犯罪和经济类犯罪的打击，从根源上断绝了他们犯罪的成本，降低了再犯的可能性；其六，罚金刑相比于自由刑的处罚更容易恢复也更容易纠错，避免冤假错案对案件当事人造成无法挽回和弥补的损害；最后，罚金刑适用范围广泛，不仅适用于自然人，还可以广泛适用于单位。因此，现在许多国家都在刑法中将罚金刑规定为主刑并大量用于审判实践。

我国目前在交通肇事犯罪中并未设置罚金刑，因此，一旦定罪，肇事者承担的刑事责任只能是以剥夺人身自由为主的管制、拘役、有期徒刑、无期徒刑甚至会上升到死刑。在我国南部某市曾经有过一起案例，一辆轿车在倒车时撞倒一名老人后来回5次碾轧，导致老人当场死亡。可见，"药家鑫案"在当今中国已非个案。在"药家鑫案"之前，社会上就有过"撞伤不如撞死"这种说法，"撞死比撞伤强"的潜规则在驾驶员群体俨然得到认同。某专家曾详细计算了两笔关于交通事故的账目：以北京为例，撞死一人的赔偿数额（包括丧葬费和死亡赔偿金）总共一般不超过

40万元，如果死者为农民，其赔偿数额在30万元以下。如果肇事车辆自身再有机动车第三者责任险的保障，肇事者的赔偿数额更会大大降低。与撞死一人的赔偿数额相比，撞伤一人的赔偿数额（包括医疗费、护理费、误工费、残疾赔偿金和残疾辅助器具费）总计可能超过100万元。如此大的差距明显有违公正，但这却"合理"地解释了为什么会发生那么多真实的类似的"药家鑫案"。我国的这种做法与国外许多国家的做法大相径庭。在美国，交通肇事撞死人的赔偿数额相比撞伤人要高得多；在日本，如果发生交通肇事致死的情形，保险公司仅赔付10%—30%的赔偿金，而如果是交通肇事将人撞伤的话，保险公司则会依照约定全额赔付；在加拿大，如果肇事者在交通事故发生后能够全力抢救伤者，肇事者则可能被免予刑事处分，仅承担民事赔偿。

本书认为，在我国水上交通犯罪中适用罚金刑，不仅体谅了高风险行业船员培养的不易，也有利于犯罪人的改造，同时还能更好地赔付被害人及家属。首先，将罚金刑补充入交通事故被害人救助基金中，有利于改变诱使驾驶人做出"理性的非理性决定"的现行交通犯罪法律环境，既有利于规避受害人的生命健康权被"理性分析"后"潜规则"的风险，也能够在充实救助基金的来源上发挥重要作用，最大限度保护交通肇事中的受害人。换言之，刑法应当以其特有威慑力来引导和教育肇事者尊重生命，及时对交通事故中的受害者施以援手。① 其次，对过失犯罪处以罚金对于改造犯罪人来说意义重大。过失犯罪的行为人的主观恶性和人身危险性比故意犯罪的行为人轻，改造也更容易，如果对他进行收监改造，无法避免自由刑的弊端，有百害而无一利。② 在国外，除了贪利犯罪以外，多数国家规定的罚金刑都主要适用于过失犯罪，以日本和韩国为例，配置单科罚金的犯罪多以过失犯罪为主，如过失决水、失火、过失爆炸等危害公共安全以及过失致人死亡、过失致人伤害等过失犯罪的法定刑都仅为罚金刑，值得我国借鉴。

综上，本书认为，在刑罚体系中，罚金刑应当与自由刑一样成为刑罚的主要适用方式之一。将罚金刑的适用对象扩大到水上交通犯罪领域，既

---

① 曾智辉：《风险社会背景下交通犯罪的立法研究》，法学硕士学位论文，华南理工大学，2011年。

② 张文等：《刑事责任要义》，北京大学出版社1997年版，第236页。

能达到预防与惩治犯罪的目的,也能为航运事业发展保驾护航。

二 增设资格刑

资格刑在其他国家的刑法典中还有以下几种形式:1. 剥夺部分范围内的权利。如政治方面的出版、结社、集会、示威、游行的权利;经济方面的获得劳动报酬的权利;人格方面的名誉权等。2. 限定担任职务的范围。如《蒙古刑法典》第二十二条规定:"如果法院根据犯罪人在职务上或从事某种活动时所犯罪行的性质,认为不能再让其保留担任一定职务或从事某种活动的权利,法院可以对犯罪人适用这种刑罚。"3. 限制某些行业的准入资格。这种资格刑针对的是经济类犯罪,如前述《意大利刑法典》第三十一条的规定。4. 不准驾驶。驾驶可视为一种职业,因此不准驾驶是一种特别资格刑。例如,俄罗斯刑法第二六四条规定"过失造成二人以上死亡的,处四年以上十年以下的剥夺自由,并处三年以下剥夺驾驶交通运输工具的权利"。5. 取消已获得的荣誉称号。6. 剥夺其他民事权利。资格刑在适用期限上,与自由刑相类似,存在终身剥夺和定期剥夺两种。可见,从世界范围来看,资格刑在很多领域中都可以适用,剥夺驾驶资格的刑种就被涵盖其中。本书认为,对于大多数长期享受驾车带来的自由的犯罪嫌疑人,剥夺其驾驶权利的资格刑,无疑是十分痛苦的,他们也十分害怕失去这种自由。从这一意义上来看,对于交通犯罪的惩罚及预防,资格刑不能不说是最佳的刑罚手段。同时,从风险社会的角度来说,永久剥夺或者一段时间内剥夺肇事者驾驶机动交通工具的从业资格,可以有效避免并降低其可能给社会公众和他人带来的危险。

因此,本书认为,我们可以借鉴外国的立法经验完善我国的资格刑配置,对于水上交通肇事类犯罪,配置相应的资格刑,如参照交通犯罪的侵害程度大小,可分别设置期限不等的禁止驾驶的资格刑。如"犯交通肇事罪或危险驾驶罪,可剥夺五年以下驾驶资格;犯交通肇事逃逸罪可剥夺五年以上十年以下驾驶资格;构成交通犯罪的累犯者,应剥夺终身驾驶资格"[①]。

[①] 曾智辉:《风险社会背景下交通犯罪的立法研究》,法学硕士学位论文,华南理工大学,2011年。

第三节　完善刑事司法并加强行政执法与刑事司法的衔接

实体正义离不开程序正义的保驾护航，行政执法与刑事司法相脱节，不仅严重妨害了我国水运经济的健康发展，影响了刑事诉讼程序的顺利进行，也不利于有效打击水上交通犯罪，与我国的法治建设背道而驰。因此，完善水上行政执法与刑事司法的衔接机制，已经成为当前我们工作的重要目标。这一目标的达成，不仅需要在法律规范层面给予全方位有效支撑，也需要衔接机制下两大主体的灵活操控与实施。

由于行政法规和刑事法律规范之间存在难以逾越的鸿沟，这对于行政犯罪进行有效的规制产生了巨大的阻碍，罪责均衡难以实现，以罚代刑的结果最终将会产生。因此必须要有行政法上的规定来规制行政犯罪，又必须有以罪刑设计为基础的行政法规范，否则一定会使刑法目的落空，导致刑法功能的缺位。要解决这一问题，就必须把握好行政法律规范与刑法的对接问题，不仅要在罪名体系上能够有效对接，在证据的转化方面也要合理对接，将移送证据的标准和司法机关采用的标准加以明确。目前来看，我们在学术研究和实践中对行政执法和刑事司法的衔接问题的理解大多集中在技术层面，而忽视了它还应当包含的另外一个重要层面——制度的融合。行政执法与刑事司法的衔接机制不是一个纯理论化的概念，不能用学院式的定义来界定。一方面，衔接的两个主体（行政机关和司法机关），由于其内涵的广泛性造成了衔接载体（行政执法或刑事司法）的多样性和动态性，在水上交通领域表现更甚；另一方面，由于衔接的环境各不相同，造成了衔接层次的不同和衔接形式的多样等等。因此，我们认为，行政执法与刑事司法的衔接机制应当是在两个主体（行政机关和司法机关）执法过程中，一系列具有功能结构的相关要素间的内在作用方式和相互联系。[1] 本书认为，制定全面具体的移送程序规范不仅要考虑静态的机构设置，还要考虑动态的制度衔接。

---

[1] 参见姜涛《行政执法与刑事执法的衔接——一个制度性的审视框架》，戴玉忠、刘明祥主编《犯罪与行政违法行为的界限及惩罚机制的协调》，北京大学出版社2008年版，第289页。

一　通过司法解释明确水上交通犯罪的基本罪状

1. 确定"人员失踪"刑事危害后果的法律地位

水路交通运输与陆路交通运输由于路况不同，在交通事故的性质认定上不能简单地一概而论。水上交通运输远比陆上交通运输复杂得多，水上运输包括内河运输和海洋运输，内河运输与海洋运输在实践中又不尽相同。水上交通运输受气候、航道等自然因素的制约较大，其船舶驾驶的复杂性又远远超过了陆路上的汽车驾驶，汽车驾驶只需要驾驶员一人即可完成汽车的驾驶操作，而船舶的驾驶需要船长、轮机手等一系列的船员组成的团队才能完成（内河的船舶驾驶与海上的船舶驾驶又不相同，内河的部分船舶的驾驶可以由一个人完成，但海上的船舶驾驶则需要多名船员在船长的领导下共同完成船舶的驾驶），这就造成了水上交通运输事故成因的复杂性。

在司法实践中，由于水上交通运输的特殊性，水上交通事故的证据提取和固定都不能与陆路交通事故相提并论。水上交通事故的危害后果与陆路交通事故的危害后果可谓两重天，没有可比性。另外，水上交通事故往往会导致一种复杂的危害后果——人员的失踪，这也是陆路交通事故中所不可能发生的。在没有特殊法条的规定下，发生在水上的交通肇事案件却要按照以陆路交通肇事为标准设置的法定刑幅度定性入刑，是不妥当的，对于船员这一高危风险职业群体，也是不公平的。两种存在巨大差异的事物却被同样的规范标准来进行调整显然是不妥当的，尤其在刑法规范中，陆路交通与水上交通的巨大差异也决定了陆路的交通肇事罪与水上交通肇事罪有着巨大差别，因此无论从定罪还是量刑上都要考虑二者的差异，绝对不能等同视之。鉴于目前情况，为了便于执法部门对水上交通肇事的认定，国家司法部门应尽快确定水上交通犯罪的立案标准或者追诉标准。作为一类过失犯罪，应当以实际损害结果的发生为成立要件，如人员伤亡、失踪状态、财产损失甚至是环境损害等，关键是要量化这一定罪标准。

依据现行的最高院《交通肇事若干问题解释》之相关规定，增加有关水上交通肇事犯罪的规定。一方面，要把"人员失踪"作为交通肇事犯罪危害结果明确加以规定，并对认定落水下落不明的认定机关、认定时间和条件、认定程序等要素进行具体规定。如果将"人员失踪"作为交通肇事罪的一种法律后果予以考量，失踪这一情况就成为决定行为人罪与非罪、罪大罪小的关键因素。证明遇难者失踪，需要从证据规则上着手。首先，将失踪作为危害结果的一种，是在无法认定生存或者死亡这两种结果的情况下退而求其次的选择。比如非法持有毒品罪，是在没有办法证明构成贩卖、制造、运输毒品罪的情况下的一种认定，非法持有的状态属于犯罪行为的客观表现形式之一，设立持有型犯罪卓有成效地解决了因为证据不足而无法定罪的困难。同理，"人员失踪"这一概念的设定也是对既没有打捞起来又无法确定死亡的一种补充，属于司法上的补救措施。当然，对因水上事故导致的人员失踪的认定需要具有直接证据，或者间接证据形成完整的证据链条，即对其确实落水后生死不明的状态予以明确，否则这种失踪的判断没有可靠性可言。其次，对"人员失踪"的程序予以明确认定。实践中，如何进行失踪事实和失踪人数的确定没有明晰的规定，是参用民事上的法院宣告失踪制度，还是由水上行政执法机关进行认定，有待于理论定性，这也是司法上亟待解决的问题。本书认为，因水上事故造成的人员失踪，暂时不宜适用民事法律制度上的宣告失踪制度。原因有：（1）民事上的宣告失踪制度的时间要求对于追诉犯罪不太有利。《民法通则》和《民事诉讼法》对宣告失踪制度进行了实体和程序的规定：公民下落不明满2年的，利害关系人可以向人民法院申请宣告他为失踪人。人民法院受理宣告失踪案件后，应当发出公告，寻找下落不明之人，公告期为3个月。由此可见，民事宣告失踪至少需要2年零3个月的时间，这么长的时间无法解决对肇事者羁押的问题，如果在此过程中失踪人员出现，则羁押错误需对肇事者进行释放，带来的国家赔偿等问题麻烦多多。（2）我国民事宣告失踪制度旨在解决失踪人财产关系的不确定问题，既要保护失踪人的利益也要兼顾利害关系人的利益，本质是经法定程序予以确认的法律拟制事实，并不是自然事实。这种事实导致的法律关系的变化可以进行恢复或弥补。但刑法上确认失踪是为追究肇事者刑事责任，虽然可被法律拟制，但真实的自然状况对拟制事实的改变使得肇事者所遭受的刑罚不具有恢复性和补偿性。刑法上对人员失踪的认定，既可以行政机关在履行职权进行行政执法活动时形成的材料和事故调查报告等行政法律文书为依据，也可参考港口公安、边防海警等部门在对案件进行侦查的过程中形成的相关材料。这样的优势在于：水上交通领域中，涉水行政执法机关是第一时间接触现场、了解相应情况的。比如，海上发生案件，海事部门首先介入进行调查，制定《海上交通事故调查报告书》，其中关于事故的损害部分，有对于死亡、失踪和重伤人数的具体统计。除此之外还会制作《水上交通事故现场勘察记录》《水上交通事故调查询问笔录》等文书。这些文书当中都有关于损害情况的记录。作为记录案发时的客观情况的第一手资料，作为追究刑事责任的重要依据更为真实有利。我国刑事诉讼法对海事调查报告及相关文书赋予了刑事证明效力，这为行政执法与刑事司法之间的衔接提供了有利的法律支持，同时能够有效提高诉讼效率，加大海上行政执法和刑事司法的力度。

另一方面，针对《解释》的第二条第二款第1—5项中规定的内容，相应增加有关违反水上运输法规和船舶驾驶规则的情形，明确界定水上交通运输中的法律责任。

我国综合水上运输能力在近些年飞速发展，经济效益不断提升，同时各种危及水上安全的事故频繁发生，理论研究存在的不足和立法、司法层面定位的缺失经常导致实务操作的偏差与困境。通过出台新的司法解释细化明确水上交通犯罪的罪刑标准，既可弥补成文法滞后之缺陷，也能为实务部门提供具体明确可行的操作标准，对于预防和惩治交通犯罪、维护水运安全与秩序，更是大有裨益。

2. 提高水上交通犯罪财产损失的入罪门槛

在司法实践中，水上交通肇事案件如果按照陆路交通肇事罪的立案标准移送至司法机关，仅就财产损失30万元无力赔偿这一项入罪条件，就对从事高风险职业的船员很不公平。众所周知，陆路上汽车的价值与海船的价值相差巨大，船舶肇事造成的30万元财产损失和道路机动车肇事造成的30万财产损失不可相提并论，援用道路财产损失的标准对船舶驾驶人员进行定罪量刑必然出现法律适用的严重失衡。因此，合理提高海上犯罪的财产损失数额标准，提高财产损失入罪门槛，既符合刑法发展趋势，体现刑法谦抑性，也能够降低船员的业务过失风险，鼓励航海事业的良性发展。

3. 降低污染环境罪在海上适用的入罪门槛

考察近年来环境污染事故和环境污染涉罪案件可以发现，目前我国的环境污染刑事诉讼案件所占比例较小，而案发率却很高，海洋环境污染问题更是日益凸显。虽然2013年《关于办理环境污染刑事案件适用法律若干问题的解释》（以下简称《解释》）在一定程度上弥补了环境污染犯罪配套法规的空白,但在海事行政违法涉罪案件的处理中仍然存在问题。以船舶碰撞溢油污染为例,船舶碰撞后导致溢油进而污染海洋是作为交通肇事罪的危害后果还是作为污染环境罪的危害行为,既有理论上的交叉,也引发实务操作上的一系列问题。海洋环境污染具有流动性、潜伏性、扩散性与交叉性等特征,同一危害后果可能为多个主体的不同行为共同造成的,这就导致执法司法人员在证据采集和分析上需要花费长时间,在对不同责任主体进行责任区分时,也极易产生纠纷与分歧,有时甚至难以论证和说明,因果关系的认定与推导也会陷入困境①。从目前来看,海洋环境损害的鉴定难、证据的收集与固定难、刑法因果关系的认定难以及事故责任的界分难等问题尚未得到很好的破解,这无疑使得运用刑法规制海洋污染犯罪的门槛过高,不利于打击海洋污染犯罪行为。因此,科学合理地降低海洋环境污染的入罪标准,对于有效规制污染海洋的犯罪行为是极为有利的。也有学者认为,考虑到海洋环境污染和污染环境罪在犯罪构成上的差异,应增设"污染海洋罪"或"污染海洋环境罪",②从立法层面来看,单独设立"污染海洋罪"是完善我国刑法体系的必然趋势。然而,任何一个罪名的设立应当经过充分论证、罪名的运用应当具有较强的可操作性才能在刑法体系中占据一席之地,而解决上述难题是关键。

二 完善海事违法涉罪案件的移送程序

水上交通涉罪案件的移送机制,是指水上交通管理机构办理违法案件中发现涉嫌犯罪的案件向刑事司法机关移送案件的具体操作程序、案卷材料及证据的活动流程和衔接制度。虽然相关司法解释明确了人民法院作为沿海国法院对我国管辖海域的司法管辖权,内容涵盖了刑事、行政和民事三个诉讼领域,但就水上交通涉罪案件的如何处理,并没有给予全面具体的指导。

1. 分清涉罪案件移送标准与刑事立案标准的不同

古往今来,但凡标准的出现,都是为了规范、制约人们的行为,尤其

---

① 刘红、田园:《环境犯罪因果关系指判断》,《法制与社会》2010年版,第29期。
② 赵星、王芝静:《国外海洋环境污染犯罪刑事立法与司法存在的问题及应对》,《江汉论坛》2016年第5期;武良军、童伟华:《西方经验与中国借鉴:海洋环境污染的刑事立法规制》,《学习与实践》2014年第11期;宋珊、张越:《海洋环境污染损害的刑法调控》,《人民检察》2014年第20期;孙彦:《环境刑法学视角下的污染海洋犯罪浅析》,《海洋开发与管理》2012年第1期等。

是给行为实施者划定一个框架，移送标准、立案标准和起诉标准也不例外。但移送标准约束的是行政机关，立案标准约束的是公安机关（即侦查机关），起诉标准约束的是检察机关（即公诉机关），三者在刑事诉讼活动中的地位和作用是不同的。行政机关依法移送的涉嫌犯罪案件是我国刑事立案材料的重要来源之一；公安机关的立案才是刑事诉讼活动开始的标志，只有经过公安机关立案，才能进入刑事诉讼轨道；而检察机关的主要职能便是代表国家向法院指控犯罪。不同的阶段应当有不同的证明标准，而随着刑事诉讼活动的不断推进，证明标准也应该越来越高，而不是从案件移送至做出判决都是一个标准。因此，在行政机关移送涉嫌犯罪案件时，移送标准应当低于刑事立案标准，而刑事立案标准又应当低于刑事起诉标准。

2. 细化水上交通涉罪案件移送程序规定

行政执法是行政权的运用，刑事诉讼属于司法权运行的范畴。同一行为或者同一事件，从行政执法和刑事司法两个角度来认定也会有所不同。由于当前法律规范的移送程序的规定过于粗放，导致对涉嫌犯罪案件移送的具体问题仍缺乏可操作性的规定，从而使得实践中涉嫌犯罪案件移送的随意性很大。通过制定实施细则来进一步明确水上交通违法涉罪案件的移送程序规定，是海事行政执法与刑事司法有序衔接的程序保障。如移送的时间与期限、移送的具体条件、如何移送、移送的材料、移送证据、移送案件的接受机关、移送被退回的再处理等等，都应当有具体可操作的规定，明确界定行政执法机关拒不移送刑事案件和不依法接受案件移送的机关的法律责任，从而建立系统完备的案件移送制度，规范行政执法机关的移送行为。

其一，严格规范行政执法主体的移送，严厉打击故意不移送和相互扯皮的不法行为，建立严格的责任追究制度。衡量行政机关是否依法行政的重要标尺之一就是其在行使行政权力、履行行政义务的过程中是否做到了及时将涉嫌犯罪案件依法移交给刑事司法部门。在水上交通违法案件的处理中，造成涉嫌行政犯罪案件得不到及时、全面追究的一个相当重要的原因就是行政机关的行政不作为或者不正确作为。因此，加强行政执法主体自身法制意识的培养，提高行政主体办理行政违法案件和涉嫌犯罪案件的能力，是规范行政机关移送涉嫌犯罪案件的第一步。同时，加强侦查机关和专门行政机关在打击各种违法犯罪过程中的协作，将移送具体化、专门化，构建协作机制。

其二，关于证据标准的界分。水上交通执法中证据的收集运用是为了证明行政违法行为的发生，而刑事证据是为了证明行为人实施了刑法上的危害行为并据此追究行为人刑事责任。由刑事制裁手段的严厉性所致，刑事证据要求具有更高的事实性、客观性。① 明确区分证据移送标准和证据采纳标准，是建立水上交通专业性证据制度的第一步。证据移送标准，即只要具备了证据的"客观性、关联性和合法性"，证据就应当依法被移送至公安机关。而证据的采纳标准不仅要求证据满足"客观性、关联性和合法性"，还要能够达到"证据确实、充分"的具体要求。

其三，关于证据审查与证据转化。合理界定公安机关对于水上交通执法部门移送证据的审查标准。在明确区分证据移送标准和证据采纳标准的基础上，公安机关对水上交通违法证据应当采用一般证据标准为审查标准，只要满足证据的"客观性、关联性和合法性"，就应当取得刑事诉讼证据资格，并据此启动刑事诉讼程序。

其四，关于证据移送期限。2015 年《公安部关于改革完善受案立案制度的意见》明确规定了刑事案件立案、受案期限：原则上不超过 3 日；涉嫌犯罪线索需要查证的，不超过 7 日；重大疑难复杂案件，经批准可延长至 30 日。如果水上交通行政执法部门在法定期限内没有及时提交涉案证据材料，影响了公安机关及时立案，就有可能放纵犯罪。而海事执法部门从报案到最终证据的提交往往需要很长的时间，往往超过了案件移送期限，不仅不利于打击犯罪，更有甚者可能陷入"徇私舞弊不移交刑事案件罪"的窘境。因此，鉴于水上交通证据的特殊性，建议延长水上交通违法涉罪案件的刑事立案期限或者在刑事立案后给予水上交通行政执法部门补充证据的权利。条件具备的话，单独设立海上犯罪刑事诉讼特别程序对于水上交通违法涉罪案件的刑事追诉更为便捷。

其五，刑事侦查权的存在是为了打击犯罪，运用在于揭露并证实犯罪、查获犯罪嫌疑人以及查明案件真实情况，而侦查的主要内容就是运用证据来证实犯罪嫌疑人实施了刑法上的危害行为。由于水上交通违法涉罪案件（尤其是海事案件）的侦查对于专业性的掌握要求较高，公安机关在这类案件的处理上大多受制于船舶操作技术的缺乏、航运规则的难以把

---

① 徐燕平：《行政执法证据在刑事诉讼中的转换与运用》，《法学》2010 年第 4 期。

握以及海事调查能力和水平，只能依赖海事执法人员。如果有公安机关自行侦查，将面临极大挑战，实践中此种情形较为少见。因此，赋予海事行政执法人员一定的刑事侦查权，既有利于及时对犯罪嫌疑人采取刑事强制措施，防止其逃逸（尤其是外国犯罪嫌疑人），在水上交通违法涉罪案件证据的收集、保存、转化和使用中也能发挥其专业性，积极有效地推进刑事诉讼进程。

最后，海事刑事审判制度的建立是水上交通涉罪案件刑事追诉的重要保障。赋予海事法院海事刑事案件的司法管辖权，建立海事民事案件、海事行政案件、海事刑事案件"三审合一"的司法管辖制度①，"既符合司法体系完整性的要求，又可优化诉讼资源、提高审判效率"②，对完善海洋法制、加强海上执法、维护海上安全与秩序、推动实施海洋强国战略具有重要意义。

三 充分发挥检察机关的监督职能

将检察机关的监督职能充分发挥出来，在打击和惩处水上交通犯罪、避免以行政处罚的方式代替刑事处罚的方面强化监督的作用，以达到行政和刑事双重法律责任的重要目的。对于水上交通违法案件的处理，一般是先由水上行政执法机关（如海事局）先行查处，认为案件涉嫌犯罪的才移送至公安机关，因此，公安机关能否立案，立案多少很大程度上取决于水上行政执法机关的移送。实践中，如果行政执法机关不移送或者不及时移送涉嫌犯罪案件，公安机关就处于被动地位。因此，检察机关不仅要监督公安机关立案，更要督促行政执法机关及时移送涉嫌犯罪的案件，使涉嫌犯罪的案件都能够顺利地进入刑事诉讼程序。检察机关应当从以下三个方面来加强对水上交通违法涉罪案件移送工作的监督。

第一，加强对海事执法主体涉罪案件移送工作的监督。检察机关发现水上交通行政执法人员不移送涉嫌犯罪案件，需要追究行政纪律责任的，应当将有关违法违纪事实的材料一并移送至检察机关，由检察机关依纪依法处理；情节严重、涉嫌犯罪的，应当依法追究其刑事责任。

---

① 参见马方《国家海洋战略背景下涉海刑事案件专门管辖的几点思考》，《人民法院报》2016年1月27日。

② 赵微：《赋予海事法院刑事审判权之正当性分析》，《法治研究》2015年第1期。

第二,强化检察机关对公安机关涉海犯罪案件的立案监督。人民检察院可以制定具体的措施来保证其对公安机关的立案监督权。一旦发现地方公安机关工作人员有不依法受理水上交通行政机关移送的涉嫌犯罪案件或者依法不予立案的情形的,应当及时行使法律监督权,查证属实,需要追究其行政纪律责任的,应当依纪依法处理;情节严重、涉嫌犯罪的,依法追究其刑事责任。

第三,全面落实水上交通管理机构的立案监督建议权。公安机关应及时依法受理水上交通行政执法机关移送的涉罪案件并做出相应处理。如果其不受理或者未在法定期限内作出立案或者不予立案决定的,水上交通行政执法机关可以建议人民检察院启动立案监督工作。水上交通行政执法机关对公安机关作出的不予立案决定有异议的,可以向作出决定的公安机关提出复议,也可以建议人民检察院进行立案监督;对公安机关不予立案的复议决定仍有异议的,可以建议人民检察院进行立案监督。水上交通行政执法机关对公安机关立案后作出撤销案件的决定有异议的,可以建议人民检察院进行立案监督。人民检察院对水上交通行政执法机关提出的立案监督建议,应当依法受理并进行审查。

四 完善水上交通行政执法与刑事司法衔接工作配套机制

实践表明,制约水上交通违法涉罪案件"移送"和"受理"的重要因素之一是信息沟通不畅,时常导致刑事司法机关不能随时随地给予行政机关有关的法律指导,以致时过境迁,追究刑事犯罪的难度加大。因此,水上交通行政执法与刑事司法衔接工作配套机制就显得尤为重要。

首先,建立水上交通行政执法与刑事司法衔接工作信息共享平台。要充分运用现代信息技术来实现水上交通行政执法机关、公安机关与人民检察院之间执法、司法信息的及时、有效互通:第一步,水上交通行政执法机关在规定时间内将查处的符合刑事追诉标准、违法涉罪案件的信息以及虽未达到刑事追诉标准,但有其他严重情节的案件信息等录入信息共享平台;第二步,公、检、法机关在规定时间内,将移送案件、办理移送案件的相关信息录入信息共享平台,积极推进网上移送、网上受理、网上监督,提高衔接工作效率。这些制度的建立,有利于督促行政执法机关依法行政,严格执法;有利于上级行政主管机关对下级行政执法工作实施检查、督促和指导;有利于监察机关、检察机关及时发现和纠正行政执法机关不及时移送涉嫌犯罪案件的情况，防止以罚代刑；有利于消除执法上的地方和部门保护主义，对于行政执法与刑事司法的有效衔接，预防和惩治水上交通犯罪，维护水上秩序，发挥了重要作用。

其次，要建立水上交通行政执法与刑事司法衔接工作联席会议制度。水上交通行政执法部门、公安机关、检察机关各部门可以在规定的期限内召开各层次的联席会议，做到案件移送和受理的信息通报、协调配合，形成工作合力共同研究和解决水上交通行政执法与刑事司法中遇到的问题，提出加强"两法衔接"工作的对策。

最后，健全水上交通重大疑难案件咨询制度或个案会商机制。重大案件、复杂、疑难、性质难以认定的水上交通涉罪案件，水上交通行政执法机关可以就刑事立案追诉标准、证据的固定和保全等问题咨询公安机关和人民检察院，公安机关、人民检察院也可以就水上交通涉罪案件办理中的专业技术性问题咨询水上交通行政执法机关，共同推进水上交通涉罪案件移送司法工作。

结　　论

　　案发于水上的交通犯罪问题，在我国刑法理论界一直没有受到足够的重视，追究其刑事责任也一直困难重重。究其原因，不仅有刑事立法、司法层面的疏漏与缺位，更有文化意识层面的影响。区别于陆上交通犯罪，水上交通犯罪的内涵外延都应当明确界定；在风险社会的运行中，行为的风险不仅是犯罪的前提，也是刑法应当予以规制的内容。因而，从行政犯层面对水上交通犯罪进行界分与类别化研究，可以更好地认定其刑事责任。在我国现行立法下，水上交通犯罪并没有其一席之地，刑法典中未对其明确界定，附属刑法也并不具有实质的意义，也不能作为法律依据而直接适用，因而在附属刑法中增加有关水上交通犯罪的基本罪状与法定刑就具有形式与内容的现实意义，增设水上交通肇事罪也显得尤为必要。在以过失犯罪为主要内容的水上交通犯罪中，刑事责任的实现方式应该趋于多元化、轻刑化，刑罚种类不应局限于自由刑，而应当增加罚金刑和资格刑在水上犯罪领域的适用。在水上交通犯罪刑事责任的追诉中，刑事司法的作用必不可少，那么明确水上交通犯罪的基本罪状与法定刑，司法追诉才能做到不枉不纵地追究责任。"徒法不能自行"，一部法律能够实现它的普适性价值必须要有明确的运行机制做保障。水上行政执法与刑事司法的衔接问题一直是困扰我国法律实践的难题，其最大的障碍不仅是制度上的问题，也有诸多的人为因素。要从根本上解决这一问题，必须着眼于水上交通行政执法机关与交通公安机关、地方公安机关在案件移送和接收环节上的程序衔接。只有不断完善涉案证据的取得、固定、转换制度，涉嫌犯罪案件的侦查、移送、受理机制，在行政机关、司法机关以及行政机关之间建立信息共享与沟通机制，才能真正实现依法高效行政，达到预防和惩治水上犯罪行为、维护水上安全与秩序的目的。

参 考 文 献

[苏] Л. B. 巴格里-沙赫马托夫:《刑事责任与刑罚》,韦政强、关文学、王爱儒译,法律出版社1984年版。

贝少军:《比武上海着眼海上——记直属海事系统第一届VTS职工技能比武大赛》,《中国海事》2011年第10期。

[美] 波斯纳:《法理学问题》,苏力译,中国政法大学出版社1994年版。

曹兴国:《海事刑事案件管辖改革与涉海刑事立法完善——基于海事法院刑事司法第一案展开》,《中国海商法研究》2017年第12期。

曹雪雅:《水上交通肇事案件侦破的探讨》,《中国海事》2007年第5期。

曹子丹等译:《苏联刑法科学史》,法律出版社1984年版。

陈柏祥:《试论环境刑事司法中的证明责任问题》,《求索》2012年第3期。

陈刚:《船员职务犯罪初探》,《大连海事大学学报》(社会科学版)2015年第10期。

陈建秋:《中国近海石油污染现状、影响和防治》,《节能与环保》2002年第3期。

陈鹏:《海事法规汇编(1949—1999)》,人民交通出版社2000年版。

陈兴良:《规范刑法学》,中国政法大学出版社2003年版。

陈兴良:《经济刑法学(总论)》,中国社会科学出版社1990年版。

陈兴良:《论行政处罚与刑罚处罚的关系》,《中国法学》1992年第4期。

陈学思:《引航员、船长与长江引航安全关系探究》,《中国水运》

2008 年第 4 期。

储槐植：《刑事一体化与关系刑法论》，北京大学出版社 1997 年版。

［英］《船舶管理安全》，LLP 参考出版社 1998 年版，伦敦。

［日］大谷实：《刑事政策学（新版）》，黎宏译，中国人民大学出版社 2009 年版。

［日］大谷实：《刑事责任理论的展望》，成文堂 1983 年版。

［日］大冢仁：《犯罪论的基本问题》，冯军译，中国政法大学出版社 1993 年版。

丁国斌：《对海事调查责任认定具有行政可诉性的探讨》，http：//www.jsfzb.gov.cn/art/2012/6/4/art_98_25557.html，访问时间：2016 年 5 月 13 日。

窦明咏：《浅谈公安机关介入水上交通肇事案件》，《人民公安报·交通安全周刊》2005 年 4 月 30 日。

［德］弗兰茨·冯·李斯特：《德国刑法教科书》，徐久生译，法律出版社 2000 年版。

［德］弗朗克：《论责任的概念的构造》，见冯军编《比较刑法研究》，中国人民大学出版社 2007 年版。

付玉慧、朱玉柱：《水上安全监督管理》，大连海事大学出版社 2001 年版。

高铭暄、马克昌：《刑法学》，北京大学出版社、高等教育出版社 2007 年版。

［德］H.科殷：《法哲学》，林荣远译，华夏出版社 2002 年版。

韩建：《论海上船舶碰撞事故的刑事责任》，硕士学位论文，大连海事大学，2009。

郝勇：《海事管理学》，武汉理工大学出版社 2007 年版。

何秉松：《建立有中国特色的犯罪构成理论新体系》，《法学研究》1986 年第 1 期。

侯国云：《过失犯罪法定刑的思考》，《法学研究》1997 年第 2 期。

［美］胡萨克：《刑法哲学》，谢望原等译，中国人民公安大学出版社 2004 年版。

胡鹰：《过失犯罪研究》，中国政法大学出版社 1995 年版。

黄福涛：《论行政责任之实现》，《犯罪与行政违法行为的界限及惩罚机制的协调》，北京大学出版社 2008 年版。

黄建辉：《法律阐释论》，台湾学林文化事业有限公司 2000 年版。

黄炎：《海上刑事犯罪管辖制度改革研究——两校两院促进海事刑事审判改革研讨会综述》，《大连大学学报》2016 年第 12 期。

［意］加罗法洛：《犯罪学》，耿伟等译，中国大百科全书出版社 1996 年版。

贾宇：《刑法原理与实务》，中国政法大学出版社 2007 年版。

［英］交通运输署：《航运伤亡中的人为因素》，皇家文书出版署 1991 年版，伦敦。

康均心、赵波：《海峡两岸交通犯罪比较研究》，《昆明理工大学学报》（社会科学版）2011 年第 3 期。

劳东燕：《风险分配与刑法归责：因果关系理论的反思》，《政法论坛》2010 年第 6 期。

黎宏：《刑法总论问题思考》，中国人民大学出版社 2007 年版。

黎宏：《重大责任事故罪相关问题探析》，《北方法学》2008 年第 5 期。

李福芹：《我国交通犯罪的现状及刑事对策探讨》，《河南省政法管理干部学院学报》2010 年第 4 期。

李国庆：《中国海洋综合管理研究》，海洋出版社 1998 年版。

李立众：《刑法一本通》，法律出版社 2011 年版。

李楠：《行政与刑事法律关联问题研究——以行政违法与刑事犯罪关系为研究进路》，博士学位论文，吉林大学，2012。

李维：《"破窗理论"窥探》，《中国中小企业》2009 年第 2 期。

李晓明：《行政刑法学导论》，法律出版社 2003 年版。

［日］林幹人：《刑法总论》，东京大学出版会 2000 年版。

林山田：《刑罚学》，台湾商务印书馆股份有限公司 1983 年版。

刘志伟、梁剑：《重大责任事故罪若干疑难问题研讨》，《河南省政法管理干部学院学报》2002 年第 2 期。

［法］卢梭：《社会契约论》，何兆武译，商务印书馆 1983 年版。

［英］鲁珀特·克罗斯等：《英国刑法导论》，赵秉志等译，中国人民公安大学出版社 1991 年版。

陆建军、陈茹英：《行政执法证据与刑事司法证据衔接须解决三个问题》,《人民检察》2014 年第 19 期。

吕欣:《环境刑法之立法反思与完善——以环境伦理为视角》,法律出版社 2012 年版。

马方:《国家海洋战略背景下涉海刑事案件专门管辖的几点思考》,《人民法院报》2016 年 1 月 27 日。

马克昌、莫洪宪:《近代西方刑法学说史》,中国人民公安大学出版社 2008 年版。

马克昌:《比较刑法原理》,武汉大学出版社 2002 年版。

马文:《海事行政执法与刑事司法衔接机制研究》,《珠江水运》2017 年第 21 期。

[日] 木村龟二:《刑法总论(增补版)》,有斐阁 1984 年版。

[日] 牧野英一:《日本刑法通义》,陈承泽译,中国政法大学出版社 2003 年版。

齐文远、周详:《刑法、刑事责任、形势政策研究——哲学、社会学、法律文化的视角》,北京大学出版社 2004 年版。

[意] 切萨雷·龙勃罗梭:《犯罪人论》,黄风译,中国法制出版社 2000 年版。

秦臻、徐伯民:《海上船舶碰撞事故原因探讨——不良习惯的剖析》,《中国航海》2008 年第 4 期。

曲新久:《刑法的精神与范畴》,中国政法大学出版社 2000 年版。

任强:《海洋石油开发油污损害中的国家赔偿责任探究》,硕士学位论文,中国政法大学,2011。

[日] 山口厚:《刑法各论》,中国人民大学出版社 2011 年版。

司玉琢:《海商法学》,法律出版社 2006 年版。

[法] 斯特法尼等:《法国刑法总论精义》,罗结珍译,中国政法大学出版社 1998 年版。

[日] 松原久利:《违法性の认识》,见西田典之、山口厚《刑法の争点》,有斐阁 2000 年版。

苏俊雄:《刑事犯与行政犯之区别理论在刑事立法中的作用》,《刑事法杂志》(台湾) 1993 年第 2 期。

孙军工:《正确适用法律严惩交通肇事犯罪〈关于审理交通肇事刑事案件具体应用法律若干问题的解释〉的理解与适用》,《人民司法》2000

年第 12 期。

[加] 泰特雷：《国际冲突法——普通法、大陆法及海事法》，刘兴莉译，法律出版社 2003 年版。

[日] 藤木英雄：《过失犯——新旧过失论争》，学阳书房 1981 年版。

王强军：《对危险驾驶罪罪名的一点质疑——兼论罪名确定的原则》，《河北法学》2012 年第 2 期。

王茹军：《水路交通肇事犯罪若干问题浅探》，《水上消防》2006 年第 1 期。

王世涛：《海事行政法的困境与出路》，《大连海事大学学报》（社会科学版）2007 年第 6 期。

王希仁：《刑事责任论》，《河北法学》1984 年第 4 期。

王秀芬、朱丽颖、朱延东、宋永君：《日本海事法规辑要》，吉林大学出版社 2000 年版。

王艳玲：《船员海事犯罪立法的法理性研究》，《世界海运》2001 年第 8 期。

王玉杰：《刑事责任能力独立于犯罪构成的再审视》，《人民论坛》2010 年第 11 期。

王赞：《海事行政执法与刑事司法协调之困境解析》，《求索》2012 年第 12 期。

王振：《船舶肇事犯罪的共犯形态之省思》，《江苏警官学院学报》2017 年第 3 期。

王作富：《刑法分则实务研究》，中国方正出版社 2010 年版。

吴情树、陈开欢：《附属刑法规范的理性分析与现实选择》，《福建警察学院学报》2008 年第 5 期。

吴允锋：《非刑事法律规范中的刑事责任条款性质研究》，《华东政法大学学报》2009 年第 4 期。

吴宗宪：《试论我国刑法学总论的完善》，《法学与实践》1987 年第 3 期。

武小凤：《刑事责任专题整理》，中国人民公安大学出版社 2007 年版。

[日] 西田典之：《日本刑法中的责任概念》，金光旭译，见冯军编《比较刑法研究》，中国人民大学出版社 2007 年版。

［日］西原春夫：《日本刑法与中国刑法的本质差别》，黎宏译，见《刑法评论》（第 7 卷）法律出版社 2005 年版。

［日］西原春夫：《交通事故和信赖原则》，成文堂 1964 年版。

席永涛：《人为失误与海上事故发生的机理分析》，《交通部上海船舶运输科学研究所学报》2006 年第 1 期。

夏春雷：《交通肇事罪若干问题研究》，硕士学位论文，华东政法大学，2008。

［日］小野清一郎：《犯罪构成要件理论》，王泰译，中国人民公安大学出版社 2004 年版。

肖中华：《经济犯罪的规范解释》，《法学研究》2006 年第 5 期。

许道敏：《民权刑法论》，中国法制出版社 2003 年版。

杨春洗、苗生明：《论刑事责任的概念和根据》，《中外法学》1991 年第 1 期。

尹磊：《影响船舶雾航安全的人为因素分析及对策》，《中国海运》2008 年第 6 期。

［日］曾根威彦：《交通事犯与不作为犯》，黄河译，《当代法学》2007 年第 6 期。

曾祥炎：《"破窗"理论的谬误：基于索洛模型的一种解释》，《湖湘论坛》2009 年第 2 期。

曾智辉：《风险社会背景下交通犯罪的立法研究》，硕士学位论文，华南理工大学，2011。

张明楷：《外国刑法纲要》，清华大学出版社 1999 年版。

张明楷：《刑法的基础观念》，中国检察出版社 1995 年版。

张明楷：《刑法学》，法律出版社 2007 年版。

张明楷：《行政刑法概论》，中国政法大学出版社 1990 年版。

张绍谦：《刑法因果关系研究》，中国检察出版社 1998 年版。

张爽、李桢、张硕慧：《近岸钻井平台造成的海洋污染及国际海事立法》，《国际海事公约研究与动态》2010 年第 3 期。

张旭：《关于刑事责任的若干追问》，《法学研究》2005 年第 1 期。

张雅光：《对完善我国行政问责制法律制度的思考》，《行政与法》2011 年第 1 期。

张亚平：《宽严相济刑事政策方略研究》，中国检察出版社 2008

年版。

张治源、李文华：《浅谈 VTS 在我国海事管理中的地位和作用》，《中国海事》2008 年第 2 期。

张智辉：《刑法理性论》，北京大学出版社 2006 年版。

赵秉志：《刑事法判解研究》，人民法院出版社 2011 年版。

赵秉志等：《中国刑法的运用与完善》，法律出版社 1989 年版。

赵波：《论我国交通犯罪的刑罚配置及其完善》，《平顶山学院学报》2011 年第 3 期。

赵微、隋毅：《VTS 职务过失罪与非罪的法理分析》，《中国海商法研究》2012 年第 2 期。

赵微：《赋予海事法院刑事审判权之正当性分析》，《法治研究》2015 年第 1 期。

赵微：《水上交通犯罪的理论与实务》，黑龙江大学出版社 2012 年版。

赵月林、胡正良：《论取消航海过失免责对承运人责任、义务和其他海事法律制度的影响》，《大连海事大学学报》（社会科学版）2002 年第 4 期。

郑中义、杨丹：《水上安全监督管理》，大连海事大学出版社 1999 年版。

[日] 中山敬一：《刑法总论》，成文堂 1999 年版。

周少华：《刑法的目的及其观念分析》，《华东政法大学学报》2008 年第 2 期。

周雪艳：《中外交通肇事犯罪立法比较研究》，《山东公安专科学校学报》2002 年第 2 期。

周佑勇、刘艳红：《行政刑法性质的科学定位（上）——从行政法与刑法的双重视野考察》，《法学评论》2002 年第 2 期。

朱俊：《水上行政案件争议问题述评》，人民交通出版社 2010 年版。

祖人、良发、怀忠：《行政执法中"以罚代刑"情况调查》，《海南人大》2003 年第 6 期。

Mike Maquire Rod Morgan and Robert Reiner, *The Oxford Handbook of riminology*, Published in the United States by Oxford University press Inc. New York. 1997.

Peter Gilles, *Criminal Law*. third edition. the Law Book Company Limited, 1993.

А. И. Коробеев. транспортные преступления. Санкт-Петербург Юридический центр Пресс, 2003.

后　　记

　　书稿即将付梓，心情却极为忐忑。既焦虑于知识的浅薄，又惭愧于迟迟没有推出。博士毕业的论文，本应尽快出版，却拖沓至今。恩师赵微教授屡屡教诲，督促修改，却常常令其失望，实在汗颜。然而，生活本就立体多维，平衡兼顾是为困难。虽短暂停滞，却从未放弃。本书的出版，既是对多年求学的交代，也激励自己重新出发。感谢赵微教授，多年帮扶，领路科研，指导生活。感谢宁波大学法学院和诸位领导同事，帮助我不断前行。感谢中国社会科学出版社以及宫京蕾女士对本书的大力支持。感谢我的父母家人，给我恒久的勇气和力量。感谢我的先生安博，让我收获温暖与陪伴。感谢丁晶、余秀英、方圆圆等好友。感恩生活，再出发！